Dwight Wadsworth

Liebe Christen in Rom

Mit dem Römerbrief leben

R. Brockhaus Verlag Wuppertal

ABCteam

Bücher, die dieses Zeichen tragen, wollen die Botschaft von Jesus Christus in unserer Zeit glaubhaft bezeugen.

Das ABCteam-Programm umfaßt:
— ABCteam-Taschenbücher
— ABCteam-Paperbacks mit den Sonderreihen:
  Glauben und Denken (G+D) und Werkbücher (W)
— ABCteam-Jugendbücher (J)
— ABCteam-Geschenkbände

ABCteam-Bücher erscheinen in folgenden Verlagen:
Aussaat Verlag Wuppertal / R. Brockhaus Verlag Wuppertal
Brunnen Verlag Gießen / Bundes-Verlag Witten
Christliches Verlagshaus Stuttgart / Oncken Verlag Wuppertal
Schriftenmissions-Verlag Gladbeck

ABCteam-Bücher kann jede Buchhandlung besorgen.

Deutsch von Hildegard Horie

© 1978 R. Brockhaus Verlag Wuppertal
Umschlaggestaltung: Ralf Rudolph, Ratingen
Druck: Herm. Weck Sohn, Solingen

ISBN 3-417-12162-0

Vorwort

Ich freue mich, daß diese Hilfe zum Verständnis des Römerbriefs nun vorliegt. Man spürt es dem Verfasser, unserem Freund Dwight Wadsworth, ab, daß er um Klärungen gerungen hat — für sich und für die vielen jungen Menschen in der »Klostermühle«, mit denen er diesen Paulusbrief durcharbeitete. Er gibt Durchblick und mit den vielen Zwischenüberschriften auch Merkhilfen. Der Aufbau wird klarer, parallele Aussagen in anderen Paulusbriefen helfen Zusammenhänge sehen. Und wer nun, wie Dwight das wünscht, den biblischen Text sich vorher sorgfältig ansieht — dem gehen plötzlich Lichter auf. Denn auch das spürt man Dwight Wadsworth ab: Die Botschaft des Römerbriefs hat ihn überwältigt, und es ist etwas Ansteckendes an dieser Entdeckerfreude.

Paul Deitenbeck.

Inhalt

Einleitung 9
Kapitel-Übersicht 13

1. Kapitel
Die Heiden sind Gottes Maßstäben nicht gerecht geworden . . . 17
1. Das Thema des Buches: 1, 16—17 17
2. Ist die Unkenntnis über Gott entschuldbar?: 1, 18—25 . . . 18
3. Die Götter der Sinne überlassen den Menschen seiner Sinnlichkeit und seiner Erfindungsgabe: 1, 26—32 19

2. Kapitel
Eine Botschaft an jene, die sich ihrer Gesetzeskenntnisse und ritueller Symbole wie Beschneidung rühmen 21
1. Die Juden, die „wissen", aber nicht tun: 2, 1—13 21
2. Die Heiden, die das Gesetz nicht kennen, aber danach handeln — als Gegenbeispiel: 2, 14—16 22
3. Durch die Heuchelei der Juden wurde Gott in den Augen der Heiden entehrt: 2, 17—24 22
4. Die wahre Bedeutung der Beschneidung: 2, 25—29 23

3. Kapitel
Wenn Juden und Heiden anerkennen, daß der Sinn des Gesetzes darin besteht, die Schuld des Menschen nachzuweisen, werden sie gezwungen, eine andere Möglichkeit zu suchen, vor Gott gerecht zu sein, denn es gibt eine andere Möglichkeit 25
1. Der Versuch, durch Argumentieren der Verantwortung aus dem Wege zu gehen, ist nutzlos: 3, 1—8 25
2. Dieselbe Schrift, die bei den Juden so hoch geachtet wird, hat über die Verlorenheit des Menschen, gleich, welcher Rasse er angehören mag, einige entscheidende Dinge zu sagen: 3, 9—20 26
3. Wenn alle gesündigt haben, dann muß es für alle einen Weg geben, gerettet zu werden, und den gibt es wirklich: 3, 21—26 26
4. Gerecht werden durch Glauben schaltet Prahlerei und Günstlingswirtschaft aus und sichert äußersten Respekt vor Gottes Gesetz: 3, 27—31 27

4. Kapitel
Abraham ist ein faszinierendes Beispiel für die, die Gott im Hinblick auf ihre Rettung vertrauen 29
1. Abraham hatte Grund zum Rühmen — aber nicht vor Gott: 4, 1—5 29
2. Auch David konnte die Vergebung, die er nicht verdient hatte, richtig einschätzen: 4, 6—8 29

3. Konnte die Beschneidung irgend etwas dazu beitragen, daß Abraham gerecht gesprochen wurde?: 4, 9—15 30
4. Um den Glauben, den Gott erforderlich gemacht hat, richtig einzuschätzen, sollten wir mehr auf den Glauben Abrahams sehen: 4, 16—21 30
5. Wie Abraham mit Gottes Anerkennung rechnet, so sollen es auch die Christen tun: 4, 22—25 31

5. Kapitel
Der Christ, der durch den Glauben gerecht gesprochen ist, soll lernen, über das »viel mehr«, das durch Christus sein ist, zu jubeln . 33

1. Befreit vom Zorn Gottes, können wir nicht nur in der Hoffnung auf die Herrlichkeit Gottes, sondern auch in gegenwärtiger Trübsal jubeln: 5, 1—10 33
2. Das Fundament unserer Freude liegt in Gott selbst, und wir haben Grund, uns an ihm zu erfreuen: 5, 11—21 34

6. Kapitel
Gott will, daß seine gerechtgesprochenen Leute frei sind von der Herrschaft der Sünde 37

1. Die Taufe illustriert, daß wir der Sünde gestorben sind und aus der Gerechtigkeit in Christus leben: 6, 3—11 37
2. Die Rolle, die der Gläubige in jedem geistlichen Sieg spielt: 6, 11—14 39
3. In der Überlegung, wer oder was unser Meister sein soll, vergiß niemals den ungeheuren Unterschied, den es in Blick auf Sklaverei gibt!: 6,15—23 39

7. Kapitel
Die Funktion des göttlichen Gesetzes im Leben eines Christen . . 43

1. Das Gesetz hat nur solange Rechtskraft über einen Menschen, wie er lebt: 7, 1—6 43
2. Denke nur keiner, daß wir das Gesetz mißbilligen oder seine Bedeutung als geringfügig darstellen: 7, 7—13 43
3. Nicht das Gesetz ist verkehrt, sondern wir sind es: 7, 14—25 . 44

8. Kapitel
Gottes gnädige Fürsorge im Blick auf die unmögliche Situation des Menschen 47

1. Die Befreiung: 8, 1—8 47
2. Die Kraft: 8, 9—14 49
3. Die Beziehung: 8, 15—23 50
4. Laßt uns glücklich sein, wir haben etwas, auf das wir hoffen: 8, 24—27 51
5. Die Gewißheit: 8, 28—39 52

9. Kapitel
Widerspricht das Evangelium des Neuen Testaments mit seiner Verheißung der Gerechtsprechung aller Gläubigen den Verheißungen, die Gott den Juden durch Abraham gegeben hat? . . . 57
1. Kinder der Verheißung: 9, 4—18 57
2. Gott erwählt, aber die Wahl drückt immer Gerechtigkeit und Liebe aus: 9, 19—33 58

10. Kapitel
Israel hat Gottes Geschenk der Gerechtigkeit in Christus willentlich ignoriert. Gott sandte Botschafter, und einige Heiden hörten zu; aber die meisten Juden verharrten in der Haltung, die sie schon zur Zeit des Jesaja eingenommen hatten 61
1. Die spezielle Anweisung, die Paulus einem jüdischen Bruder gibt, der jetzt an der vollkommenen Gerechtsprechung interessiert ist: 10, 6—10 61
2. Nach Gottes Plan erhält jeder die gleiche Chance, zu seiner Familie zu gehören, aber das schließt auch die gleiche Verantwortung mit ein: 10, 11—21 63

11. Kapitel
Ist Israel endgültig verworfen? 66
1. Gott hat immer seine Leute gehabt: 11, 1—10 66
2. Erwählte haben keine Entschuldigung für Selbstgefälligkeit und falsche Sicherheit: 11, 11—25 67
3. Gottes gnädige Absicht mit allen Menschen und seine unbeschreibliche Weisheit wird durch seine Fähigkeit bewiesen, daß die Heiden durch die Zurückweisung der Juden erreicht werden, und noch immer hat Gott in seinem Plan Raum für die Juden: 11, 25—32 68
4. Daß Gott für die hoffnungslos verwickelte menschliche Situation völlig ausreicht, muß in dem Herzen eines jeden Menschen, der davon weiß, Lobpreis aufbrechen lassen: 11, 33—36 69

12. Kapitel
Was können wir von den gerechtfertigten Menschen erwarten? . . 71
1. Wenn wir durch das Evangelium anfangen, richtig einzuschätzen, wie Gott ist, werden wir sehen, wie wichtig es ist, für ihn brauchbar zu sein: 12, 1—3 71
2. Was ein umgestaltetes Leben vollbringen wird, hängt von den von Gott geschenkten Gaben und Fähigkeiten ab: 12, 4—8 . . 74
3. Ein umgestaltetes Leben ist aufs beste geeignet, all der Not, den Problemen und Gelegenheiten des täglichen Lebens zu begegnen: 12, 9—21 76

13. Kapitel
Gottes gerechtfertigte Leute kennen und praktizieren eine Unterordnung, die immer die Liebe begleitet 78

1. Gehorsam der eingesetzten Obrigkeit gegenüber: 13, 1—7 . . 78
2. Die einzigen Schulden, die Gott ehren; unsere Verpflichtung, alle Menschen zu lieben, solange wir auf Erden sind: 13, 8—10 79
3. Ein liebender Charakter sollte jetzt herausgearbeitet werden, weil der Triumph der Liebe Gottes schon bald sichtbar wird: 13, 11—14 80

14. Kapitel
Wie der umgestaltete Geist sich in Dingen verhält, die das Gewissen eines Bruders berühren 83

1. Das Prinzip der Freiheit: 14, 1—12 83
2. Die Anwendung des Prinzips der Liebe: 14, 13—23 84

15. Kapitel
Das Beispiel Christi, die Bedeutung der Heiden, Zeugnis und Pläne des Paulus 88

1. In der Frage unserer Verantwortung hinsichtlich des schwachen Bruders betrachten wir die selbstlose Haltung Christi: 15, 1—7 88
2. Die Heiden sollen wissen, daß es von jeher geplant war, sie in die Einheit des Leibes Christi, der Gemeinde, einzugliedern, und die Juden sollen das aus ihren eigenen Schriften erkennen: 15, 8—13 89
3. Die Schlußbemerkungen deuten etwas von seinem gegenwärtigen Dienst und seinen Zukunftsplänen an. Seine Bitte um Gebet: 15, 14—33 90

16. Kapitel
Persönliche Grüße an die Freunde und Mitarbeiter des Paulus, abschließende Ermahnungen und Segen: 16, 1—21 92

Einleitung

Dieser Brief an die Römer ist bereits so gründlich durchforscht worden, daß wir über allgemein anerkannte Tatsachen keine überflüssigen Worte zu verlieren brauchen. So hoffe ich, meine Leser stimmen mit mir darin überein, daß Paulus den Römerbrief im Winter 57 n. Chr. von Korinth aus schrieb und daß dieser Brief die scharfsinnigste und sachlichste Darlegung christlicher Grundwahrheiten ist, die wir besitzen.

Er ist objektiv, denn da Paulus die Gemeinde zu Rom nicht gegründet hat und auch zur Zeit der Abfassung des Briefes noch nicht einmal dort gewesen ist, befaßt er sich auch nicht mit bestimmten, die Adressaten betreffenden Problemen, wie das sonst der Fall ist, wenn er an die Gemeinden schreibt, die er gegründet hat.

Objektiv ist der Brief auch insofern, als Paulus — und davon gehe ich aus — der Lehre Jesu nichts Neues hinzufügt, sondern vielmehr die Grundwahrheiten ausbaut und systematisiert. Wer über diese Fragen eine ausführliche Diskussion sucht, muß andere Bücher zur Hand nehmen.

Dies ist also kein Kommentar, der Vers für Vers vorgeht. Mein Hauptanliegen besteht darin, die Gedankengänge des Paulus darzustellen, um denen zu helfen, die — wie ich vor vielen Jahren — angesichts vieler Aussagen gerade dieses Briefes verwirrt sind. Ich behaupte nicht, daß mir das heute nicht mehr passieren könnte; trotzdem wage ich es, einige Entdeckungen zu Papier zu bringen, die mir persönlich geholfen haben. Dabei hoffe ich, daß manch einer, der denkt, wie ich denke, ein paar Fäden der Offenbarung in die Hand bekommt, die ihm helfen, Konzepte, die ihn bis jetzt durcheinander gebracht haben, zu entwirren. Dabei rechne ich mit dem Heiligen Geist, der mich in die Wahrheit geführt hat.

Wir können uns ja nur in Demut diesem großartigen Brief nähern. Er erinnert uns unentwegt daran, daß die Wahrheit Gottes über menschliches Begreifen hinausgehen muß, weil sie das Ewige einschließt.

Ich habe bewußt die Bezugnahme auf den griechischen Text auf ein Minimum beschränkt, denn ich kann mir nicht denken, daß die Wahrheit des Römerbriefes nur von denen entdeckt und erkannt werden kann, die das Griechische beherrschen. Und das

Thema dieses Briefes ist die dem Evangelium zugrundeliegende Wahrheit.

Wer an dem Thema der Rechtfertigung nicht interessiert ist, wird von diesem Buch gelangweilt werden. Was auch immer die Pharisäer nicht gewesen sein mögen, eins waren sie gewiß: sie waren äußerst interessiert daran, von Gott auf Grund ihrer Rechtschaffenheit angenommen zu werden. Und Paulus war Pharisäer. Als er zu der Erkenntnis durchbrach, daß die dem Gesetz gemäße Rechtschaffenheit unerreichbar ist, er aber dennoch vor dem Thron göttlicher Gerechtigkeit bestehen konnte, weil er auf Grund des Glaubens angenommen wurde, war das die größte Entdeckung seines Lebens. Seitdem hörte er nicht mehr auf, darüber zu schreiben, und es war für ihn unbegreiflich, wie jemand nicht verstehen konnte, daß ihm die Betonung dieser Tatsache so wichtig war. Auch die Vertreter zwischenmenschlicher Moral oder Situationsethik konnten das Anliegen des Paulus im Römerbrief nicht begreifen. Denn Paulus bestand darauf, daß der einzig gültige moralische Maßstab von Gott durch unmittelbare Offenbarung gegeben worden ist.

Indem die Menschen versuchen, entweder Gottes Maßstab zu verändern oder zu ignorieren, beweisen sie, wie verdorben sie sind. In ihrem Verhalten wird der menschliche Charakterzug offenbart, der schon in der Morgendämmerung der Menschheitsgeschichte ans Licht kam: »Gott weiß, daß, welches Tages ihr davon eßt, eure Augen aufgetan werden, und ihr werdet sein wie Gott und wissen, was gut und böse ist« (Gen. 3, 5). Diese nach den Sternen greifenden Götter demonstrieren durch die Jahrtausende, welch äußerste Verwirrung und Verderbtheit daraus entsteht, daß ein Mensch auf dem Recht beharrt, für sich selbst zu entscheiden, was er tun oder nicht tun sollte.

Diese Einstellung führte bald zu seinem destruktiven Höhepunkt in den Tagen des Noah, als »der Herr sah, daß der Menschen Bosheit groß war auf Erden und alles Dichten und Trachten ihres Herzens nur böse war immerdar« (Gen. 6, 5). Noah und seine Familie waren die einzigen aus dem ganzen Menschengeschlecht, die gerettet werden konnten. Und das gegenwärtige Chaos — durch Leute hervorgebracht, die noch immer rufen: »Wir wollen nicht, daß dieser über uns herrsche!« — ist Grund genug, von neuem über die Rolle nachzudenken, die die Rechtschaffenheit in unserer modernen Welt spielen sollte.

So gesehen behandelt Paulus tatsächlich ein aktuelles Problem. Mit Menschen aller Altersstufen teilt er einen völlig revolutionären Gedanken, nämlich: Wir lehnen Gottes Maßstab *nicht* ab. Wir erkennen seine Gültigkeit an, auch dann, wenn das unsere unvermeidbare Verurteilung bedeutet; und nun erkennen wir in unserer Abhängigkeit und unserem Vertrauen zu ihm den einzig möglichen Weg, auf dem wir von Gott angenommen werden; den Weg, den er selber geschaffen hat. Das ist kein oberflächlicher Glaube, der die Liebe verletzt oder das Gesetz übertritt; es wird auch nicht versucht, einen für unvollkommene Menschen annehmbaren Kompromiß mit Gott zu schließen. Das verständlich, nachvollziehbar und anziehend zu machen, war die schwere Aufgabe, der sich Paulus im Römerbrief unterzog. Dieser Brief soll einer Menschheit, die immer noch darunter leidet, daß sie sein will wie die Götter, zeigen, was wahre Gerechtigkeit ist. Paulus zeigt uns, daß wir ohne Gott nicht »gut« sein können. Daß Sie, wenn Sie »gut« durch ihn sind, Sie sich an Lebensprinzipien zu freuen beginnen, die geradezu revolutionär sind.

Ich habe nicht, wie man das sonst tut, zu Beginn eines jeden Kapitels den Text des Briefes aufgeführt, da ich sicher bin, daß die meisten, die dieses Buch zur Hand nehmen, eine Bibel besitzen. Ich möchte darum dringend empfehlen, daß Sie mindestens einmal jedes Kapitel des Römerbriefes lesen, bevor Sie das entsprechende Kapitel in diesem Buch vornehmen. Ein zusätzlicher Gewinn ist es, wenn Sie den Bibeltext in anderen Übersetzungen oder Übertragungen lesen, damit die Stellen gut im Gedächtnis sind, wenn wir zur Auslegung übergehen. Bitte achten Sie besonders auf die Überschriften der Kapitel und der einzelnen Abschnitte, denn ich habe versucht, darin den Hauptinhalt dieser Abschnitte zusammenzufassen.

Es ist wichtig, sich die gesamte Wahrheit des ganzen Buches vor Augen zu halten, so daß die einzelnen Abschnitte zu einem Gesamtbild zusammenschmelzen. Die detaillierten Umrisse und Zusammenfassungen der Kapitel zu Beginn des Buches sollen dabei eine Hilfe sein.

Das Ziel, das ich zu erreichen hoffe, ist, daß jeder, der dieses Buch liest, diese wenigen einfachen Hinweise versteht und schließlich fähig ist, das Gelesene in sein Leben einzuordnen, nämlich die herrliche Wahrheit des ganzen Briefes. Wenn einer meiner Leser einen Vorschlag hat, wie die lebensverwandelnden Tatsachen des Römerbriefes noch tiefer in die Herzen eingegraben werden können, wäre ich sehr glücklich, wenn ich diese Gedanken in eine spätere Auflage aufnehmen könnte.

Kapitel-Übersicht

Wer sich mit dem Römerbrief befaßt, tut gut daran, sich erst einmal die Hauptlinie, seinen Aufbau, einzuprägen. Das Buch ist gegliedert, und nach dem Grußwort an die Gemeinde gibt Paulus in den Versen 16—17 das Thema bekannt: *Das Evangelium ist die Kraft Gottes, die jene befähigt, die gerecht gemacht sind, durch Glauben zu leben.*

Er geht dann sofort in die Erklärung über.

1. Kapitel: Wenn Gott allein gerecht ist, muß er alle Versuche der Heiden verurteilen, ohne ihn annehmbar zu sein. Sie haben bewußt alle seine guten Gaben verdorben und sind für die Ablehnung der Wahrheit Gottes, die erkennbar ist im Gewissen und in der Natur, verantwortlich.

2. Kapitel: Das jüdische Gesetz erkennt nur die Tat an, nicht die dahinterstehende Absicht. Die Juden sind nicht gerechter als die Heiden.

3. Kapitel: Der jüdische Mißbrauch des Gesetzes fällt nicht auf das Gesetz zurück, sondern zeigt lediglich, daß sie wie alle andern im Blick auf ihre Gerechtigkeit völlig von Gott abhängig sind.

4. Kapitel: Denken wir über das Beispiel Abrahams nach, der gerecht gesprochen wurde, ohne je das Gesetz gehabt zu haben und bevor er sich der Beschneidung unterzog. Wenn sein Glaube an die Vorsorge Gottes für ihn ausreichend war, könnte das dann nicht auch für andere gelten?

5. Kapitel: Gottes Natur zwingt ihn, Sünde zu richten. Nur eine vollkommene Gerechtigkeit kann einem Menschen Frieden mit Gott geben. Wir können dankbar sein, daß Adams Einfluß auf den weltumfassenden Tod ein Hinweis und Vorbild ist auf die umfassende Bedeutung Christi für das Leben.

6. Kapitel: Unsere Rechtfertigung darf uns nicht der Sünde gegenüber gleichgültig machen. Das neue Leben, das in dem Bild der Taufe zum Ausdruck kommt, hat Gott für den Glaubenden bereit, wenn er sich in Christus seinen Sieg über alles Böse aneignet.

7. **Kapitel:** Auch dem, der durch den Glauben gerecht gesprochen worden ist, legt das Gesetz — so sieht es Paulus — auch weiterhin unmögliche Forderungen auf. Ein wiedergeborener Mensch mit zwei einander widerstreitenden Naturen kann nur ein erbärmliches Wesen sein — es sei denn, es ist ihm möglich, nach dem Todesurteil des Gesetzes fortwährend zu sterben durch die Identifikation mit Einem, der stellvertretend starb.

8. **Kapitel:** Gott hat eine wunderbare Lösung für die Glaubenden geschaffen, die einer unmöglichen Situation gegenüberstehen, nämlich einem Gesetz, das nur verdammen kann, und ihren zwei Naturen, die miteinander in Konflikt stehen:
   1. Beseitigung aller Verdammnis durch das Kreuz
   2. Bereitstellung einer grenzenlosen Kraft durch den Heiligen Geist
   3. Gründung einer familiären Beziehung mit bleibenden Privilegien durch eine neue Geburt
   4. Unerschütterliche Gewißheit durch die unveränderliche Liebe Gottes

9. **Kapitel:** Israels gegenwärtige Lage wirft keinen Schatten auf die Treue Gottes, auch kann es niemand wagen, ihm Ungerechtigkeit vorzuwerfen. Gottes einzigartige Absicht war es, aus Juden *und* Heiden das wahre Israel hervorzubringen. Nur Glaubende können Kinder der Verheißung sein.

10. **Kapitel:** Israels Eifer um Gerechtigkeit hätte sie überzeugen sollen, daß der Glaube absolut notwendig ist. Ein auferstandener Christus muß der tatsächliche Gegenstand solchen Glaubens sein; und jene, die ihn ablehnen, tragen die Verantwortung für ihre Ablehnung.

11. **Kapitel:** Gott hat Israel nicht endgültig verworfen. Er wird immer sein Volk haben, aber sie sollen sich hüten vor Selbstgefälligkeit und falscher Sicherheit. Gottes vollkommen gerechte Lösung für eine im ganzen gesehen hoffnungslose menschliche Situation kann nur Lobpreis hervorrufen.

12. **Kapitel:** Wenn wir die Art anerkennen, durch die Gott Menschen gerecht macht, werden wir erkennen, wie wichtig es

ist, ihm völlig zur Verfügung zu stehen. Umgestaltetes Leben wird von Gott auf praktische Weise und effektiv gebraucht.

13. Kapitel: Gottes gerecht gemachte Leute werden die Notwendigkeit erkennen, sich in Liebe der eingesetzten Obrigkeit und einander unterzuordnen. Da die Zeit für Taten der Liebe kurz ist, zeigt sich in unserem Verhalten etwas Dringliches.

14. Kapitel: Die Gerechtfertigten Gottes werden liebende Toleranz in Gewissensfragen praktizieren. Da ist Raum für persönliche Überzeugungen, was Essen und das Feiern gewisser Tage betrifft. Da muß eine gegenseitige Rücksichtnahme sein, die von der Liebe geleitet wird.

15. Kapitel: Die Gerechtfertigten Gottes, die von der großen Wichtigkeit der Einheit überzeugt sind, werden es lernen, einander anzunehmen und zu schätzen. Christus machte das deutlich, indem er Juden und Heiden einbezog.

16. Kapitel: Warme Grüße des Paulus an jene, die er in Rom kennt. Seine Ermahnung, Streit zu vermeiden, sein Lob hinsichtlich ihres Gehorsams und seine abschließende Versicherung, daß Christus fähig ist, sie alle zu festigen, sind eine schöne Illustration von der sehr natürlichen Auswirkung der Gnade Gottes im Leben und den Beziehungen der Gläubigen. Noch sein Schlußsatz spiegelt wider, wie er immer noch mit der Gerechtigkeit, die von Gott kommt, beschäftigt ist: »Mein Evangelium und die Predigt von Jesus Christus ist allen Völkern bekannt geworden und führt sie zum Gehorsam des Glaubens.«

1. Kapitel

Die Heiden sind Gottes Maßstäben nicht gerecht geworden

1. Das Thema des Buches: 1, 16—17

Der Gruß des Paulus zu Beginn des Briefes hat keinen besonderen Bezug zum Inhalt dieses Briefes. Er ist unkompliziert und ähnlich wie die Anfänge seiner anderen Briefe. Aber wir sollten darauf achten, wie er Jesus beschreibt: »... der als Sohn Gottes in Kraft eingesetzt wurde durch die Auferstehung von den Toten nach dem Geist der Heiligkeit ...« (Vers 4). Für Paulus war der überzeugendste Beweis der Kraft in der ganzen Geschichte die Auferstehung Jesu, und diese Kraft ist mit dem Geist der Heiligkeit verknüpft.

Der Geist, der Maria befähigte, Jesus zu empfangen, der ihn bei seiner Taufe erfüllte und 33 Jahre lang das Leben Gottes in menschlicher Gestalt offenbarte, triumphierte über Sünde und Tod am Ostermorgen. Und dieser Geist unterscheidet sich von allen anderen Geistern des Universums durch seine Heiligkeit. Das Leben bewies, was ein Leben, das völlig Gott zur Verfügung steht, sein kann, und ist unsere letzte Autorität, unser umfassender Maßstab für moralische Wahrheit. Dieses Leben sagt uns mehr als irgend etwas anderes, wie sehr sich Gott an Gerechtigkeit gebunden hat.

Paulus erklärt in Vers 5, daß er ein Apostel ist, ein Abgesandter für die Heiden und folglich besonders an der Gemeinde in der Hauptstadt der Heiden interessiert. Er freut sich über deren weltweiten guten Ruf, versichert sie seines unterstützenden Gebetes und hofft, daß er die Freude haben wird, ihr zu dienen. Da seine Berufung sowohl den Klugen als auch den Törichten gilt, hat er keine Bedenken, seine gute Nachricht in der Weltmetropole zu verkündigen, wo man voraussetzen kann, daß sich hier Weisheit und Kultur konzentrieren. Er schämt sich keineswegs, sein Evangelium vor diesem oder jenem Publikum zu verkündigen, denn — was immer darüber gesagt werden mag — es ist im Leben von Gläubigen aller Schattierungen erprobt worden. Es offenbart eine einzigartige Gerechtigkeit, im wahrsten Sinne des Wortes geschenktes Leben, und dies für eine Menschheit, die sich durch Unabhängigkeit von Gott gelöst und damit aufgehört hat, im Sinne Gottes zu leben. Dies ist die Kraft, die am meisten in der Welt vonnöten ist (Vers 16—17). Die Beziehung zu Gott ist hergestellt und wird durch den Glauben erhalten. Wenn wir in bewußter Abhängigkeit von Gott bleiben, werden wir göttliches Leben leben. Konnte irgend einer der Götter Roms auch nur Ähnliches zustande bringen?

2. Ist die Unkenntnis über Gott entschuldbar?: 1, 18—25

Hier wird die große Frage von der Verantwortung des Menschen Gott gegenüber aufgeworfen. Dagegen wird die andere Frage: »Kann ein Mensch gerettet werden, ohne von Christus gehört zu haben?« nicht beantwortet. Der Grund ist offensichtlich: Die Antwort würde äußerst kompliziert sein und ein hohes Maß an Kenntnis voraussetzen, Vertrautsein mit allen Schattierungen menschlicher Hintergründe und mit den Konfliktfeldern der Verantwortung. Allein der Versuch, diese Frage zu beantworten, würde einige ermutigen, auf Grund von Unkenntnis Freispruch für sich selbst oder andere zu fordern, obwohl sie in Wahrheit dafür, daß sie einige Offenbarungen Gottes ablehnen, voll verantwortlich sein mögen. Paulus wollte es nicht riskieren, daß sich seine Leser in falscher Sicherheit wiegen. Dagegen legte er größten Wert auf die Feststellung, daß sich Gott Menschen gegenüber sowohl in der Schöpfung als auch in ihrem Gewissen genug offenbart hat, um ihnen ein gewisses Maß an Verantwortung zuzumuten. Daraus folgt, daß jeder, der dem zu entsprechen bereit ist, was ihn die Natur lehren will, unvermeidlich zu ausreichender Kenntnis von Gottes erlösendem Werk in Christus weitergeführt wird, um gerettet zu werden. Aber aus dem oben erwähnten Grunde will sich Paulus nicht eigens damit auseinandersetzen.

Wenn Paulus sagt: »Der Zorn Gottes vom Himmel wird offenbart über alle Gottlosigkeit und Ungerechtigkeit der Menschen« (Vers 18), heißt das nicht, daß Gott »Wutausbrüche« hat. Seine absolut gerechte Natur macht ihn gerecht, und die Verurteilung der Sünde ist unumgänglich; das wird ausgedrückt in dem Wort »Zorn«. Das Universum hat moralische Grundlagen, die Gott gelegt hat, und Gott kann ihnen gegenüber nicht gleichgültig sein, auch wenn sein Wesen Liebe ist.

Eine andere wichtige Beobachtung im oben zitierten Vers ist die enge Beziehung zwischen Gottlosigkeit und Ungerechtigkeit. Der Versuch, irgendeinen Schein von Gerechtigkeit ohne Bezugnahme auf Gott herzustellen, ist unmöglich. Gottlose

Menschen werden zwangsläufig ungerecht sein und umgekehrt. Es ist deshalb ein beunruhigender Gedanke, daß der natürliche Mensch mit Sicherheit etwas von Gott weiß, aber es vorzieht, ihn mit seinem Glauben und seiner Treue nicht zu ehren (Vers 21). Diese Weigerung hat zu Spekulationen darüber geführt, wie Gott sein sollte, und schließlich zu der Annahme, der Mensch sei klug und gut genug, sich seine eigenen Götter zu schaffen, die schlußendlich nichts sind als eine Verherrlichung seiner, des Menschen selbst, auch wenn die Vorstellung sehr unterschiedliche Formen annehmen mag. Dies liegt auf der gleichen Linie wie Evas Hybris: »Ihr werdet sein wie Gott.« Der aufständische Mensch hört niemals auf, der Versuchung zu erliegen, Gott vom Himmel herunterzuziehen und sich anzumaßen, sich selbst auf den Thron zu erheben. Das ist die Wurzel aller Sünde; darum muß die Lösung des ganzen Sündenproblems damit beginnen, den Menschen von seinem Thron herunterzuholen. Paulus zeigt dies sehr plastisch in diesen beiden ersten Kapiteln.

3. Die Götter der Sinne überlassen den Menschen seiner Sinnlichkeit und seiner Erfindungsgabe: 1, 26—32

Gott respektiert den freien Willen des Menschen soweit, daß er ihm gibt, was er möchte. In dem Augenblick, wo der Mensch anfängt, die Kreatur anzubeten und ihr zu dienen — anstelle des Schöpfers —, gewinnt das Urdrängen des Menschen die Oberhand. All die Philosophien, Göttervarianten und verkehrte Moral sind ein Versuch, den Menschen zum Maßstab für alle Dinge zu setzen.

Paulus schreibt eine Menge über Sexualität und die Verirrungen auf diesem Gebiet. Er ist nicht anti-sexuell eingestellt; aber er weiß, daß es in der Natur des Sexuellen liegt, Lebensinhalt zu werden. Damit erhält es einen anderen Akzent, es wird verherrlicht und isoliert als Lebensziel angepriesen. Der Mensch gibt sich dieser Art von Abgötterei hin und findet im allgemeinen seinen Sexgott zunehmend enttäuschend. Um dieser Enttäuschung zu begegnen, wendet er alle erfahrbaren Techniken an und endet schließlich in der Perversion. Die Homosexualität zur Zeit des Paulus war dafür ein Beispiel.

Ein Herz, das nur darauf aus ist, sich selbst zu vergnügen und sich jeden Wunsch zu erfüllen, gleich, ob gesetzwidrig oder nicht; solch ein Herz muß entarten.

Der große Sündenkatalog des Paulus (29—31) unterstreicht die Tatsache, daß alles Verkehrte aus dem entarteten Wesen des Menschen kommt, der seinen eigenen falschen Gottheiten dient. Etwas sehr Wichtiges sagt er dabei über die Heiden und ihre Götter: Der Mensch hat einen angeborenen sittlichen Instinkt. Er ist sich bewußt, daß Sünde eine Beleidigung Gottes ist, und weiß, daß sie Strafe verdient. Weil aber Gott den Sünder nicht zermalmt, ihn nicht vertilgt, mißversteht der Mensch Gottes Freundlichkeit. Er verweigert die dargebotene Gnade und ist nicht nur aus freier Entscheidung ungehorsam, sondern versucht darüber hinaus die allgemeine Ausübung der Sünde zu rechtfertigen: »... aber nicht nur selbst dies tun, sondern auch ihr Wohlgefallen an denen haben, die es tun« (Vers 32). Der Schlußakt der Entartung ist das soziale Akzeptieren der Unmoral, das allgemeine Für-gut-halten all dessen, was Gott verdammt.

Die wesentlichen Wahrheiten in Kapitel 1:

1. Gottes gute Nachricht ist, daß ein Mensch gerecht gesprochen werden kann allein auf Grund seines Glaubens. Er muß nicht länger unter der Verdammnis des moralischen Gesetzes leiden. Die Gerechtigkeit des Glaubens befähigt den Menschen, in dem Sinne zu leben, wie Gott lebt.

2. Glaube ist Abhängigkeit von Gott; nicht ein Gefühl, in keiner Weise Abhängigkeit von menschlicher Leistung. Er ist der vorgeschriebene Weg für Menschen, die Gott zum Handeln bewegt.

3. Auch die primitivsten Menschen haben einen gewissen Grad an Verantwortlichkeit Gott gegenüber. Der Mensch wird niemals gut genug sein, um nach Gottes Maßstab gerecht gesprochen zu werden, aber wenn er auf das Maß an Licht reagiert, das ihm durch sein Gewissen und seine Natur mitgegeben ist, wird er zweifellos weitergeführt zu Buße und Glauben, um ewiges Leben zu empfangen.

4. Alle Sünde ist ein unmittelbares Ergebnis menschlicher Unabhängigkeit von Gott. Nichts wird dadurch gewonnen, wenn man versucht, zwischen großen und kleinen Sünden zu unterscheiden.

2. Kapitel

Eine Botschaft an jene, die sich ihrer Gesetzeskenntnisse und rituellen Symbole wie Beschneidung rühmen

1. Die Juden, die »wissen«, aber nicht tun: 2, 1—13

Paulus war im orthodoxen Judentum großgeworden und wußte, wie ernst die Juden ihr Gesetz nahmen. Er wußte auch, wie wenig es ihr Leben beeinflußte. Und jetzt enthüllte er dies Mißverhältnis. Es mag sein, daß sie in der Lage waren, ihren Nachbarn kritisch zu beurteilen, der nie von dem Gesetz gehört hatte; aber offensichtlich war ihnen nicht bewußt, daß ihre strengen gesetzlichen Auffassungen sie auf gleiche Stufe mit den Heiden stellte: Ihr Leben wurde durch ihr Wissen nicht verändert.

Paulus appelliert an das jüdische Wissen in Vers 2, wenn er sagt: »Wir wissen aber, daß das Gericht Gottes der Wahrheit gemäß über die ergeht, die solches (s. 1, 18—32) verüben.« Jeder, der darüber nachsinnt, wer Gott ist, muß wissen, daß er keine Lieblinge hat und seine Maßstäbe für alle gültig sind. Menschen, die Gott als freundlich und geduldig erfahren haben, müssen sich nicht einbilden, daß diese Freundlichkeit zum Sündigen ermutigen soll oder daß seine Liebe das Bewußtsein seiner Gerechtigkeit herabsetzt. Das einzig mögliche Ziel der Nachsicht Gottes ist, daß der Mensch Gelegenheit zur Reue hat (Vers 4).

Die Juden bereuten allem Anschein nach nicht, waren vielmehr halsstarrig und unbußfertig. Im Licht ihres erhabenen Gottesbildes, seiner Heiligkeit, zeigt es sich, daß der Mensch, auch unter den besten Umständen, dazu entschlossen ist, in seiner Selbstgerechtigkeit und Unabhängigkeit so lang wie möglich zu verharren. Wie schwer sind wir zu beugen! Und ständige Ablehnung führt zu unvermeidlicher Verdammung durch das Gesetz. Dieses Gesetz ist nicht an guten Absichten, sondern nur an der Ausführung interessiert, und die Durchführung des Gesetzes war selbst bei den bestunterrichteten Gesetzeskennern der Welt völlig unzureichend (Vers 5—6).

In Vers 7 behauptet Paulus nicht, daß Beständigkeit im Gutestun ewiges Leben verdient. Er sagt, daß dies die Botschaft des Gesetzes ist, die von den Juden und jedem anderen, der hofft, durch Werke gerecht zu werden, vertreten wird. Gott ist völlig unparteiisch in seiner Bereitschaft, »Herrlichkeit und Ehre und Frieden einem jeden, der das Gute vollbringt« (Vers 10) zu geben. Paulus stimmte zweifellos mit Jesus überein, der dem reichen jungen Mann sagte, daß niemand gut sei — außer Gott selbst (Mk. 10, 18).

2. Die Heiden, die das Gesetz nicht kennen, aber danach handeln — als Gegenbeispiel: 2, 14—16

Wenn Paulus in Vers 14 von den Heiden spricht, die das Gesetz nicht haben, instinktiv aber die Forderungen des Gesetzes erfüllen und sich selbst Gesetz sind, deutet er damit nicht an, daß sie so gute Heiden sind oder daß es verschiedene Gesetze gibt. Er zeigt lediglich, daß auch sie ein Gewissen haben und eine gewisse Verantwortlichkeit. Es ist denkbar, daß sie sogar den göttlichen Geboten näher stehen als die Juden und damit das bestätigen, was Paulus in diesem Kapitel ausführt, daß nämlich die Juden mit all ihren Vorteilen in der Praxis nicht besser sind als die Heiden.

Vers 16 sichert sich ab gegen jene, die versuchen, durch ihre Situationsethik vor Gott gerecht zu werden; gegen die, die hoffen, sie seien dadurch besser als andere. Ganz gleich, was Juden oder Heiden zustande bringen, wir können sicher sein, daß der Gott absoluter Gerechtigkeit durch Jesus Christus das Geheime im Menschen richten wird. Seine eigentlichen Motive werden aufgedeckt. Paulus überläßt es dem einzelnen zu entscheiden, ob er den Test bestehen würde oder nicht. Aber weder ein erleuchteter Jude noch ein Heide hat den Herrn, seinen Gott, von ganzem Herzen, aus ganzer Seele, mit allem Verstand und mit aller Kraft geliebt. Und das ist ja das erste Gebot.

3. Durch die Heuchelei der Juden wurde Gott in den Augen der Heiden entehrt: 2, 17—24

Nachdem all die Vorteile des jüdischen Erbes aufgezählt wurden — und da gibt es viele! —, hat Paulus die Kühnheit zu fragen, ob die Juden willig sind zu lernen, was sie andere zu lehren versuchen. Einer, der sich des Gesetzes rühmt und es zu gleicher Zeit bricht, ist sicherlich keine Ehre für den Schöpfer des Gesetzes. Können die Heiden etwas anderes tun, als über den Gott zu spotten, der so schlecht repräsentiert wird? Paulus zitiert Jesaja, der sagt: »Der Name Gottes wird unter den Heiden um euretwillen gelästert.« Das unterstreicht die Tatsache, daß Paulus in seinem Urteil über die Juden nicht allein dasteht. Es ist schwer für uns, die Ironie dieser Beschuldigungen richtig einzuschätzen. Für einen Menschen, der darin erzogen wurde, an die eigene unermeßliche Überlegenheit gegenüber den Heiden ringsumher zu glauben, muß es verletzend sein, vor diesen Fremden von einem aus dem eigenen Volk bloßgestellt zu werden. Dieses Zeugnis wird ihn auch treffen, wenn er sich bewußt ist, daß er es mit der Einhaltung des Gesetzes nicht allzu genau hielt.

4. Die wahre Bedeutung der Beschneidung: 2, 25—29

Der jüdische Ritus wurde seit Abraham am Leibe eines jeden männlichen Wesens vollzogen und war der einzige bleibende Beweis, daß sie Gottes auserwähltem Volk zugehörten, gerade nachdem andere Bundeszeichen wie der Tempel oder die Bundeslade zerstört waren. Paulus stellt die höchste Bedeutung dieser rituellen Operation in Frage, indem er darauf hinweist, daß Gott in erster Linie an seinem Gesetz interessiert ist. Das Gesetz kann ohne Beschneidung bestehen, nicht aber die Beschneidung ohne das Gesetz. Paulus geht sogar so weit, daß er zu verstehen gibt, daß ein Heide, der das Gesetz hält, in Gottes Augen so gut wie beschnitten ist. Noch einmal: Er sagt nicht, daß es solch einen Heiden gibt, aber er benutzt dieses als rein theoretische Überlegung, um zu zeigen, wie brüchig die Abhängigkeit der Juden von körperlichen Zeichen ist.

Mit einem Federstrich erklärt da Paulus alle Namensjuden für unbeschnitten. Und nun macht er eine für jüdische Ohren unerhörte Feststellung: Ein Jude ist derjenige, dessen Herz mit Gott in Einklang ist durch den Dienst des Heiligen Geistes.

Gott ist am Leben eines Menschen interessiert, er läßt sich nicht im geringsten von dessen religiösem Dünkel beeindrucken. Wenn da im Menschen nichts darauf hindeutet, daß sein Herz, seine innerste Natur beteiligt ist, wird ihn kein einziges äußeres Zeichen zu einem Glied des erwählten Volkes machen. Die »Innerlichkeit« des christlichen Glaubens ist hier schön dargelegt. Menschlicher Ruhm oder menschliche Anerkennung haben nur wenig mit unserem eigentlichen Sein zu tun. Beide, Juden und Heiden, sollten die Bedingungen kennenlernen, durch die sie Gottes Zustimmung erlangen.

Die wesentlichen Wahrheiten in Kapitel 2:

1. Informationen über Gott, sein Wesen und sein Gesetz, können keinen vor Gott angenehm machen, der das Gesetz bricht. Gott ist an der allgemeinen Gerechtigkeit interessiert und läßt sich nicht durch menschliche Alibis täuschen.

2. Niemand soll meinen, daß die Diskussion über das jüdische Gesetz für den Rest der Menschheit uninteressant wäre. Es ist von außerordentlicher Bedeutung, da jeder, der versucht, auf der Basis eines moralischen Gesetzes gerecht zu sein, denselben Fehler macht, den die Juden begingen, die glaubten, daß der unabhängige Mensch zu wahrer Güte fähig ist.

3. Paulus ist in diesen ersten beiden Kapiteln des Römerbriefes im Blick auf die Menschheit nicht pessimistisch. Er versucht ein für allemal, jeder Art menschlicher Selbstgerechtigkeit den Boden zu entziehen. Der Mensch war so geschaffen, daß er nur in Abhängigkeit von Gott normal leben konnte, und dies wird ihm auch jetzt nicht eher gelingen, bis jeder andere Weg abgeschnitten ist. Und Paulus ist fleißig dabei, abzuschneiden.

4. Paulus gibt keine spezielle Antwort auf eine Frage, die uns so sehr bewegt: Werden die Heiden, die niemals das Evangelium gehört haben, verloren sein? Er macht klar, daß jeder, der gerettet ist, nur durch den Erlösungsakt Gottes gerettet ist. Er läßt deutlich durchblicken, daß das Verlangen, Gott zu kennen und ihm zu gehorchen, eine augenblickliche Antwort des Heiligen Geistes hervorruft, der solche Menschen in alle wesentlichen Wahrheiten führt. Diese Tatsache kann den Eifer missionarischen Vorstoßes jedoch nicht dämpfen, weil Gott offensichtlich Botschafter, die ihm zur Verfügung stehen, benutzt, um das Verlangen anderer zu stillen. Man spürt das Vertrauen des Paulus auch in dieser schwierigen Frage, daß »der Richter aller Welt Recht üben wird« (Gen. 18, 25).

3. Kapitel

Wenn Juden und Heiden anerkennen, daß der Sinn des Gesetzes darin besteht, die Schuld des Menschen nachzuweisen, werden sie gezwungen, eine andere Möglichkeit zu suchen, vor Gott gerecht zu sein, denn es gibt eine andere Möglichkeit

1. Der Versuch, durch Argumentieren der Verantwortung aus dem Wege zu gehen, ist nutzlos: 3, 1—8

Die Juden hatten die einzigartige Verantwortung, der Menschheit die Schrift zu geben, aber sie selbst müssen sich vor Augen halten, daß diese Schrift absolut wahr bleibt, auch dann, wenn sie nicht geglaubt oder falsch verstanden oder ausgelegt wird.

Paulus antwortet auf den Vorwurf, daß, wenn die Mehrzahl seines Volkes die Wahrheit jener Schrift nicht anerkennt, Gott anscheinend im Irrtum sein muß. Paulus' Antwort ist: Das Zeugnis der Treue Gottes, der — wie in den Schriften berichtet wird — einen Erlöser ersehen hat, ist absolut wahr, auch dann, wenn einige Juden es vorziehen, diese Tatsache zu ignorieren. Ein anderes starkes Argument der Juden, die versuchen, die Lehre des Paulus von der Gerechtwerdung durch Glauben in Mißkredit zu bringen, ist, daß dabei die Sünde nicht ernst genommen und darüber hinaus sogar dadurch zum Sündigen ermutigt wird.

Sie mißverstehen, was er über das Gesetz sagt. Paulus sagt, daß Ungerechtigkeit unerkannt bliebe, wenn Gott nicht einen vertrauenswürdigen Maßstab gesetzt hätte. Das Ergebnis dieses offenbarten Gesetzes ist, daß Gott Sünde verurteilt, aber sie niemals zudeckt. Wenn er der Urheber des Gesetzes ist, muß er imstande sein, Sünde wirklich zu richten. Er ist der oberste Richter der Welt.

Allein schon der Gebrauch des Wortes »ungerecht« im Blick auf Gott ist für das Feingefühl des Paulus unerträglich. Ebenso die sich so scharfsinnig gebende Logik: »Laßt uns das Böse tun, damit Gutes daraus wird.« Er kann nur noch still vor sich hinsagen: »Jene, die bewußt Worte und Gedanken verdrehen, um unser Evangelium zu vernichten, können rechtmäßig verdammt werden.« Gott vergibt Sünde, aber er übersieht sie niemals.

2. Dieselbe Schrift, die bei den Juden so hoch geachtet wird, hat über die Verlorenheit des Menschen, gleich, welcher Rasse er angehören mag, einige entscheidende Dinge zu sagen: 3, 9—20

Diese Aufzählung alttestamentlicher Verse wirkte wie ein letzter Hammerschlag. Paulus beweist, daß das Gesetz nur aufdecken kann und dazu dient, jeden Mund zu stopfen, der hartnäckig behauptet, der autonome Mensch könne gerecht sein. Nur wenn alle Welt sich vor Gott verantwortlich weiß, wird sie anfangen, ihre Rechtfertigung von ihm zu erwarten.

Daß Gott »jeden Mund stopft«, mag manchem heutzutage autoritär klingen, wie auch damals den Korinthern (1. Kor. 1, 28) die Worte: »Auf daß sich kein Fleisch rühmen kann.« Was liegt näher, als daß der »offene« Mund des Menschen auch weiterhin versucht, Gott in seiner eigenen Schöpfung überflüssig zu machen! Das »verherrlichte Fleisch« ist die egoistische Natur des Menschen, in der jede Schandtat, jede Verfälschung, jede Korruption in der menschlichen Geschichte ihren Ursprung hat. Die einzige Hoffnung des Menschen, vor Gott angenehm zu sein, liegt in unserer Bereitschaft, unserer menschlichen Natur den Bankrott zu erklären.

Es sieht so aus, als wollte sich Paulus mit diesem Problem ausführlicher auseinandersetzen. Aber wenn er auch nur die leiseste Möglichkeit offen ließe, daß der autonome Mensch Gerechtigkeit erlangen könnte, würde er die Ursünde, die all das Unglück verursacht hat, unterstützen. »... an dem Tag, an dem du davon essen wirst, werden deine Augen geöffnet werden, und du wirst sein wie Gott und wissen, was gut und böse ist (1. Mose 3, 5).« Aber:

3. Wenn alle gesündigt haben, dann muß es für alle einen Weg geben, gerettet zu werden, und den gibt es wirklich: 3, 21—26

Hier beginnt Paulus seine wunderbare, positive, systematische Gliederung mit den Worten: »Jetzt aber ...« In den ersten zweieinhalb Kapiteln hat er das Baugelände vom Müll gereinigt und kann jetzt ganz konkret werden. Das Gebäude ist brandneu in der menschlichen Architektur. Ein solides Fundament ist das Bemühen um die Gerechtigkeit, worauf sowohl das Gesetz als auch die Propheten Wert legen. Dies ist die Gerechtigkeit Gottes, die allen Gläubigen in Christus zugesprochen wird. Sie muß gewährt werden, weil auf Grund der eigenen

Vollkommenheit niemand auch nur die leiseste Hoffnung hegen kann, an der Herrlichkeit Gottes teilzuhaben (22—23). Jeder, der das Wesen eines Geschenkes begreift, das sich vom Lohn unterscheidet, muß die Begeisterung des Paulus teilen. Geschenke können nicht verdient werden, sondern sie werden empfangen.

Gott sorgte dafür, daß dieses höchste Opfer in aller Öffentlichkeit geschah, weil es zum Zeugnis werden, bekannt und allen Menschen zur Verfügung stehen sollte. Gottes tiefes Interesse daran, daß die Forderungen des Gesetzes erfüllt werden, auch wenn es das Blut seines eigenen Sohnes kostet, läßt uns erkennen, was Gerechtigkeit für ihn bedeutet und wie außerordentlich wichtig sie für uns sein sollte. Das Wunder ist, daß Gott gerecht bleiben und zugleich der Gerechtsprecher unzähliger Sünder sein könnte. Aber in dieser Rechtsprechung geschieht nichts automatisch. Sie wird wirksam in jenen, die durch ihren Glauben ihre Abhängigkeit erklären aufgrund der öffentlichen Sühne des Sohnes Gottes (Vers 26).

4. Gerecht werden durch Glauben schaltet Prahlerei und Günstlingswirtschaft aus und sichert äußersten Respekt vor Gottes Gesetz: 3, 27—31

Nachdem Paulus so viel über das Gesetz gesprochen hat, schien es ihm an der Zeit zu sein, einen entsprechenden Begriff mit entgegengesetzter Bedeutung einzuführen, nämlich »das Gesetz des Glaubens«. Dieses Gesetz schließt jeglichen Selbstruhm aus, weil menschliche Rechtfertigung von Gott abhängig ist. Ebenso schließt es die Neigung zum Favoritendenken aus, da keine Gruppe einen Vorteil hat. Die Juden konnten die Tatsache nicht bestreiten, daß Gott der Gott des Universums ist und damit zugleich der Gott einer Welt, zu der auch die Heiden gehören. Die einzige Möglichkeit, durch die auch den Heiden die gleiche Gelegenheit gegeben ist, Gott zu kennen, muß der Glaube sein. Und jeder kann glauben. Der Zufall der Geburt kann in der Beziehung zu Gott nicht für irgendeinen zum Nachteil werden.

Dieses neue Gesetz des Glaubens setzt die Bedeutung des mosaischen Gesetzes nicht herab; es hat vielmehr größten Respekt vor dessen Absicht, den Menschen seine Abhängigkeit und Verantwortlichkeit Gott gegenüber bewußt werden zu lassen. Dieses Bewußtmachen kann nur eine Ursache haben: Es war die Liebe Gottes zu dem verlorenen Sünder, die ihn veranlaßte, eine Möglichkeit zu schaffen, daß ein Mensch durch Glauben gerecht wird. Das kann niemals als Gleichgültigkeit dem Gesetz gegenüber interpretiert werden. Wenn wir uns über die Absicht des Gesetzes im klaren sind und nicht etwas erwarten, was es niemals hervorbringen kann — erst dann können wir das Gesetz als Gottes einzigartige Offenbarung richtig würdigen.

Die wesentlichen Wahrheiten in Kapitel 3:

1. Die Wahrheit kann nicht daran gemessen werden, daß sie allgemein akzeptiert wird. Im Hinblick auf die Schrift und das Verständnis ihrer wesentlichen Aussagen können Millionen Juden im Irrtum sein.

2. Wir dürfen nicht überrascht sein, wenn die Menschen dazu neigen, die Lehre des Neuen Testaments über die Rechtfertigung zu verdrehen und eine Art Lizenz zum Sündigen darin sehen. Dasselbe taten die Menschen schon zur Zeit des Paulus.

3. Das Alte Testament und Neue Testament stimmen beide in ihrem Urteil über die menschliche Verderbtheit überein.

4. Jedes menschliche Wesen sollte sich in erster Linie darum bemühen, moralisch vor Gott zu bestehen. Es ist, ohne Frage, Gottes höchster Anspruch. Das Fehlen der Gerechtigkeit brachte den Menschen den Tod, und nur dann, wenn sie wieder eingesetzt wird, wird der Mensch leben.

4. Kapitel

Abraham ist ein faszinierendes Beispiel für die, die Gott im Hinblick auf ihre Rettung vertrauen

1. Abraham hatte Grund zum Rühmen — aber nicht vor Gott: 4, 1—5

Die Zielscheibe des Paulus sind noch immer die Juden, und er wählt den meist geehrten Mann ihrer Geschichte, den Gründer ihres Volkes, als das wichtigste Zeugnis dafür, daß Glaube schon immer Gottes Weg zur Rechtfertigung gewesen ist. Abraham war groß in jeder Hinsicht, in der Menschen Größe messen, sei es Reichtum, Ehre oder Einfluß — aber nichts davon konnte ihm dazu verhelfen, vor Gott zu bestehen. Das klassische Zitat aus 1. Mose 15, 6: »Und Abraham glaubte Gott, und das rechnete er ihm als Gerechtigkeit an«, war eine wirkungsvolle Waffe im Arsenal des Paulus.

Nachdem die Werke als Grundlage der Gerechtigkeit Abrahams ausgeschlossen sind, geht Paulus weiter, um zu zeigen, daß die einzige Alternative ein Geschenk von Gott sein muß. Die Formulierung, die Paulus hier in Vers 5 benutzt, ist unmißverständlich: Der Glaube an den, der die Rechtfertigung ungöttlicher Leute verantwortet, muß im Gläubigen das Bewußtsein verankern, als gerecht erklärt zu sein. Das bedeutet, daß der Gläubige sich für gerecht erklärt sieht. Nichts wurde in diesem Prozeß verdient, alle Ehre muß an den gnädigen Geber gehen, der für das, was er tut, voll verantwortlich ist.

2. Auch David konnte die Vergebung, die er nicht verdient hatte, richtig einschätzen: 4, 6—8

Ein anderer noch angesehener Zeuge für dieses gnädige Handeln Gottes war David. Niemand konnte leugnen, daß er das Gesetz gebrochen hatte und in etlichen Punkten einwandfrei schuldig geworden war. Er beschreibt in den Psalmen 32 und 51, wie er darauf vertraut, daß Gott ihm vergibt — aber worauf gründet er seine Hoffnung? Da war sicherlich nichts im Gesetz, das einen Mörder und Ehebrecher trösten konnte. Offensichtlich ahnte er — wie auch andere unvollkommene Heilige des Alten Testaments —, daß Gott für eine Lösung dieses Problems gesorgt hatte. Wie wir im Glauben zurücksehen, so hielten sie im Glauben Ausschau nach der Erfüllung in der menschlichen Erlösungsgeschichte.

3. Konnte die Beschneidung irgend etwas dazu beitragen, daß Abraham gerecht gesprochen wurde?: 4, 9—15

Die historischen Fakten geben Paulus recht, denn Gott hat Abraham verbindlich gerecht erklärt und ihn zum Erben der Welt ernannt, bevor die Beschneidung institutionalisiert wurde. Das bedeutet, daß Abraham nach Gottes Plan nicht nur Vater der Juden war, sondern Vater des ganzen Volkes Gottes. Und sie sind sein Volk auf Grund ihres Glaubens. Wenn aber Erfühlung des Gesetzes eine Voraussetzung wäre, um Erbe Gottes zu werden, dann wäre das Prinzip des Glaubens — wie es in der Zusage an Abraham zum Ausdruck kommt — hinfällig, und wir alle befänden uns in einer ausweglosen Situation. Das Gesetz verdammt, überführt uns der Übertretung, und alles, was Gott darin verheißt, kann uns nur entmutigen, weil niemand in der Lage ist, den Forderungen zu genügen. Andererseits aber war das Gesetz absolut notwendig, und zwar gerade als Ausgangspunkt für die Gerechtsprechung aus Glauben, denn ohne dies hätte es kein Konzept für Gerechtigkeit gegeben.

4. Um den Glauben, den Gott erforderlich gemacht hat, richtig einzuschätzen, sollten wir mehr auf den Glauben Abrahams sehen: 4, 16—21

Als Gott die Erlösung plante, war er nicht nur an den Juden interessiert; er sprach von Abraham als dem »Vater vieler Völker« (1. Mo. 17, 56). Gott wollte, daß sich alle Kinder seines Volkes innerhalb seiner Familie sicher fühlten. Das aber ist nur möglich, wenn sie völlig von der Gnade abhängig sind. Menschliche Fehlbarkeit muß unweigerlich Unsicherheit nach sich ziehen. Die Gewißheit des Glaubens wird darin gesehen, daß der Glaubende mit dem rechnet, der den Toten Leben gibt und ins Sein ruft, was nicht ist (Vers 17). Die Situation, der Abraham und Sara gegenüberstanden, sah zweifellos hoffnungslos aus; aber Abraham sah darüber hinaus auf Gott, der immer sein Wort hält.

In diesem Beispiel werden uns einige wichtige Dinge über den Glauben mitgeteilt. Man wird fest im Glauben, wenn man den kennt und schätzt, der das Versprechen gegeben hat. Das einzig Große im Leben des Abraham war sein Gott. Es ist wahr, daß Gott durch unseren Glauben verherrlicht wird, weil der Mensch — soweit wir wissen, ist er in dem ganzen Universum einzigartig — allein auf die Liebe Gottes antworten und sich auf seine Treue verlassen kann. Ein Planet, der sich um die Sonne dreht, bringt Gott weniger Ehre als das spontane Lob eines Kindes oder das schlichte Vertrauen eines Gläubigen. Gottes unbegrenzte Macht und Treue sind die Fundamente unserer Sicherheit.

5. Wie Abraham mit Gottes Anerkennung rechnet, so sollen es auch die Christen tun: 4, 22—25

Vers 22: »Darum ist es ihm auch zur Gerechtigkeit gerechnet worden.« Das Wort »rechnen« ist wichtig und sollte niemals ausgelegt werden als ein Versuch, etwas durch geistige Gymnastik ins Leben zu rufen. Das Rechnen der Bibel hat immer zu tun mit einem Bauen auf bekannte Tatsachen oder auf das Versprechen einer äußerst vertrauenswürdigen Person. Paulus argumentiert hier: Gott ist fähig, den Glauben des Abraham als Gerechtigkeit »zu rechnen«. Er will dasselbe für uns tun, wenn wir das, was er uns anbietet, uns aneignen, nämlich den stellvertretenden Tod und die Auferstehung Jesu. In der frühen Kirche war die Auferstehung Jesu als Gottes letztes Siegel verstanden worden, als Bestätigung des vollendeten Erlösungswerkes. Hier liegt der Grund für die Anrechnung. Aus diesem Anlaß sagt Paulus in 1. Kor. 15, 17: »... ist Christus nicht auferstanden, ist euer Glaube wertlos, dann seid ihr noch in euren Sünden.«

Wir haben tatsächlich wesentlich mehr, auf das wir unseren Glauben stützen könnten, als Abraham. Er hatte nur ein gesprochenes Wort und keine Erfahrung von Gottes erlösendem Tun. Das einzigartige Leben Christi als das lebendige Wort, das göttlich erhaltene geschriebene Wort, das deutlich auf Christus hinweist als die Erfüllung all der liebenden Absichten Gottes für die Menschheit, und das Zeugnis der weltweiten Gemeinschaft derer, die seine Treue erfahren haben, macht es den Christen leichter zu rechnen.

Die wesentlichen Wahrheiten in Kapitel 4:

1. Wenn der Gründer des hebräischen Volkes und ihr größter König den Vorrang des Glaubens bezeugen, ist das ein guter Grund, unsere ganze Erfahrung mit Gott darauf zu gründen. »Wie ihr Christus Jesus den Herrn empfangen habt, so wandelt in ihm ... gefestigt im Glauben!« Kol. 2, 6—7.

2. Glaube ist ohne Frage kein geistiger Trick oder ein Versuch, uns selbst von etwas zu überzeugen, sondern Glaube ist Vertrauen in einen zuständigen, zuverlässigen Gott, der sich durch sein Versprechen bewußt gebunden hat. Es sollte nicht viel Glauben dazu notwendig sein, sich auf den Gott der Bibel zu verlassen!

3. Die Auferstehung ist der Anker des christlichen Glaubens, er ist nicht nur ein Beweis all dessen, was Christus beansprucht zu sein, sondern eine Kraft für jene, die ihm glauben. In seinem Sieg über den Tod stand er auf, um sein Versprechen zu halten, das er seinen Jüngern gegeben hatte: »Siehe, ich bin mit euch allezeit« (Matth. 28, 20).

5. Kapitel

Der Christ, der durch den Glauben gerecht gesprochen ist, soll lernen, über das »viel mehr«, das durch Christus sein ist, zu jubeln

1. Befreit vom Zorn Gottes, können wir nicht nur in der Hoffnung auf die Herrlichkeit Gottes, sondern auch in gegenwärtiger Trübsal jubeln: 5, 1—10

Unseren Frieden mit Gott hat Christus erkauft, und die Gläubigen sind nicht länger unter dem Gesetz, sondern unter der Gnade. Gott nimmt uns gnädig an und ermutigt uns, in der Hoffnung unser Leben zu leben mit all seinen Prüfungen und Leiden. Die Hoffnung auf das Sichtbarwerden der Herrlichkeit Gottes macht uns fähig, selbst im Leiden zu frohlocken.

In den Versen 3—5 demonstriert Paulus, wie das aussieht. Die Glaubenden haben die Gnade Gottes in der Wiedergeburt erfahren. Sie wissen, daß sie nicht verlassen sind, sondern mit Gottes unveränderlicher Liebe rechnen können. Diese Gewißheit befähigt sie, auf Gottes Stunde zu warten. Und das ist Geduld. Die Bearbeitung unserer Persönlichkeit durch Schmerz und Warten bringt jene geheimnisvolle Qualität hervor, die wir als Charakter bezeichnen. Wir können nicht sagen, was es ist, aber wir nehmen es wahr, und Gott legt offensichtlich großen Wert darauf. Warum? Weil sich der Charakter an der wachsenden Anerkennung der Liebe Gottes, seiner Treue und dem Wissen: Gott genügt, entfaltet. Daraus muß zwangsläufig Hoffnung entstehen. Solch eine positive Haltung ist für uns unschätzbar, da sie in uns die Erwartung weckt und bewußt erhält, daß Gottes Möglichkeiten unbegrenzt sind. Dies ist die Grundlage für ein Leben, in dem er die erste Rolle spielt.

Jedem, der dazu neigt, an der Zuverlässigkeit dieser Hoffnung zu zweifeln, bietet Paulus die unbeschreibliche Liebe Gottes an, der es nicht nötig hat, erst etwas Brauchbares in uns zu finden, bevor seine Liebe wirksam wird. Wir sind von dieser Liebe überwunden worden durch die Gegenwart des Heiligen Geistes in unseren Herzen. Diese große Sicherheit bringt zweierlei von dem »viel mehr« in diesem Kapitel mit sich: Die Furcht vor dem zukünftigen Zorn und Gericht kann für immer aufgehoben werden durch den sühnenden Tod Jesu. Außerdem bewirkt es seine lebendige Gegenwart, daß die fortdauernde »Erlösung« die tägliche Befreiung von allem, was uns bedrückt und erschrickt, praktisch wird. Der auferstandene Christus ist gekommen, um Sieg und Fruchtbarkeit für all seine Kinder zu ermöglichen bis zu dem Tag, an dem ihre Hoffnung verwirklicht wird (Verse 9—10). Wenn er uns genug liebte, um für uns zu sterben, wird er uns sicher in dieser Zwischenzeit — bis wir zu Hause sind im Himmel — dem Kampf gegen die vereinten Kräfte der Welt des Fleisches und des Bösen nicht wehrlos preisgeben. Wir werden weiterhin durch sein Leben gerettet.

2. Das Fundament unserer Freude liegt in Gott selbst, und wir haben Grund, uns an ihm zu erfreuen: 5, 11—21

Die meisten Menschen fürchten Gott; aber nachdem wir seine Gnade erfahren haben, kennen wir ihn als eine liebende Realität, als unseren Vater. Wir jubeln darüber, daß wir ihn lieben können. Wir können es, weil wir wissen, welch ein Gegensatz besteht zwischen dem, was wir von Adam ererbt (Sünde und Tod) und was wir in Christus empfangen haben (Rechtfertigung und Leben). Paulus erklärt nicht im einzelnen, wie die Sünde Adams die ganze Menschheit angesteckt hat, aber offensichtlich ist sie infiziert, und zwar so sehr, daß sich niemand auf seine Gerechtigkeit berufen kann. Der Verfall und geistige Tod des Menschen, der Trennung von Gott ist, hatte einen Anfang, und dieser war in Adam.

Paulus zieht diese Parallele zwischen Adam und Christus, um zu zeigen, wie erhaben und universal Christus ist. Dem universalen Einfluß Adams im Blick auf den Tod entspricht das universale Geschenk des Lebens durch Christus. Das »viel mehr« (9.10.17.20) von Christus bedeutet Gnade für jedermann — nicht nur, daß er leben soll, sondern ihm werden Vorrechte eingeräumt, Herrschaft im Leben (5, 17). Obwohl Adam ursprünglich in einer ungebrochenen Gemeinschaft mit Gott lebte, hatte er nicht ewiges Leben (Gen. 3, 22—23). Christus machte uns nicht wieder für Gott gemeinschaftsfähig, er befähigte uns tatsächlich, mit dem Leben Gottes zu leben. Das ist nicht nur wunderbar, weil es unbegrenzt ist, sondern vielmehr wegen seiner Qualität — es ist das einzige Leben Gottes, das wir kennen: das Leben Jesu.

Paulus spürt, daß wir in diesem Gott frohlocken sollten, der dem Schaden Adams erfolgreich entgegengewirkt hat und uns in seinem — Gottes — Sinn zum Leben befähigt hat. Das Leben Jesu ist »viel mehr«, als Adam je gehabt hat.

Die Rolle des Gesetzes wird in dieser Parallele zwischen Adam und Christus aufgezeigt, weil es von der außerordentlichen Bedeutung des Wesens Gottes zeugt, nämlich seiner Gerechtigkeit. Es ist wahr, daß das Gesetz durch Mose eingeführt worden war. Aber für Adam und Eva und deren Nachkommen bis zu der Gesetzgebung am Sinai machte Gott den Menschen die moralischen Forderungen durch Propheten und Gottesmänner, durch die Schöpfung und durch das Gewissen (s. Kapitel 1) bewußt. Gott benutzte das Gesetz, um die Sünde bewußt zu machen — eine Notwendigkeit für ein Geschlecht, das in der Verharmlosung von Schuld geradezu genial ist! Aber die unabänderliche Tatsache von der Schuld des Menschen veranlaßte Gott dazu, »noch überschwenglicher« für *alle* Menschen seine Gnade einzusetzen. Einige wissen es nicht, und doch brauchen sie nichts so sehr wie verschwendende Gnade.

Da in Kapitel 5 das »wieviel mehr« unserer Erlösung hervorsticht, mag es hilfreich sein, als Zusammenfassung vier Bedeutungen dieser Stelle aufzuzeigen: Errettet von dem Zorn Gottes (Vers 9) haben wir »wieviel mehr« von seinem Frieden! Errettet von den Niederlagen in unserem Leben jetzt (Vers 10) haben wir »wieviel mehr« seines Sieges. Errettet von der Verdammnis durch Adam (Verse 15—16) haben wir das »weit mehr« der vollkommenen Rechtfertigung. Errettet von der Herrschaft des Todes (Vers 17) werden wir »weit mehr« herrschen im Leben durch Christus. Dies ist die Erlösung, die für alle Menschen durch die Gnade und Liebe Gottes vorbereitet ist. Wie traurig, wenn wir nur die autonome Existenz des ersten Adam kennen!

Die wesentlichen Wahrheiten in Kapitel 5:

1. Ein Christ hat allen Grund, als ein Hoffender zu leben. In liebender Vorsorge hat Gott eine vollkommene Erlösung geschaffen, die uns die Ewigkeit zusichert und uns fähig macht, unsere gegenwärtigen Umstände in einem positiven Licht zu sehen — auch das Leid.

2. Unsere Befreiung von der Verdammnis durch den Tod Christi war niemals äußerstes Ziel unserer Erlösung. Das »weit mehr« gilt der Gegenwart und macht uns fähig, das Leben Jesu zu leben. Das ist möglich durch einfache Abhängigkeit im Glauben.

3. Wir gehören entweder zu dem Geschlecht Adams oder zur Familie Christi. Wir können nicht zu beiden gehören, weil einer nicht tot sein und leben kann zu gleicher Zeit. Wenn wir zur Familie Christi gehören (Vers 17), sollen wir es ernst nehmen. »... wieviel mehr werden die, welche die Fülle der Gnade und der Gabe zur Gerechtigkeit empfangen, im Leben herrschen durch den einen, Jesus Christus.« Jene, die im Leben herrschen, werden das tun durch »den einen Mann, Jesus Christus«.

4. Es mag sein, daß man sich auf das autonome Leben ohne Gott berufen kann; aber es ist ewig wahr, daß Gott »weit mehr« anbietet. Und jeder, der sich mit weniger zufrieden gibt als dem überfließenden Leben, ist ein Narr.

6. Kapitel

Gott will, daß seine gerechtgesprochenen Leute frei sind von der Herrschaft der Sünde

1. Die Taufe illustriert, daß wir der Sünde gestorben sind und aus der Gerechtigkeit in Christus leben: 6, 3—11

Paulus ahnt sowohl die Kritik der Feinde des Evangeliums voraus als auch die tatsächliche Möglichkeit, daß Gläubige in sittlicher Hinsicht gleichgültig werden, wenn sie hören, daß Sünde nicht länger verdammen kann. Seine Frage: Wie sollen wir, die wir der Sünde gestorben sind, noch in ihr leben? heißt nicht, daß es unmöglich ist zu sündigen. Einer, der im Glauben bereit war, das Leben Christi zu leben, welcher starb, um die Menschen von der Sünde zu befreien, wird niemals bereit sein, in Sünde zu leben. Paulus ist der Meinung, daß es für einen echten Gläubigen unmöglich ist, der Sünde in seinem Leben gleichgültig gegenüberzustehen.

Um unser Einswerden mit Christus in seinem Tod und in seinem Leben zu illustrieren, gebraucht Paulus die Taufe. Er sagt: Wir sind mit ihm durch die Taufe begraben in den Tod. Manche nehmen an, daß die Wassertaufe tatsächlich in unerklärbarer, geheimnisvoller Weise zu unserer geistlichen Vereinigung mit Christus beiträgt. Aber Paulus unterscheidet ja deshalb nicht zwischen den Auswirkungen des Glaubens und der Taufe, weil im allgemeinen die Bekehrung mit dem äußeren Zeugnis dieser Bekehrung, der Taufe, zeitlich fast zusammenfiel.

Als Beispiel sei hier nur auf die Wiedergeburt des Schatzmeisters und des Kerkermeisters zu Philippi hingewiesen. Das Untertauchen des Gläubigen ist zweifellos ein Bild für Tod, Begräbnis und Auferstehung, und unser Teilhaben daran sollte unser geistliches Einssein mit Jesus in all diesen Punkten erklären. Aber Wasser selbst trägt nichts dazu bei.

Christus bezahlte die ganze Strafe des Gesetzes — den Tod — an unserer Statt. Wenn wir diese Tatsache im Glauben annehmen, erkennen wir seinen Tod tatsächlich als den unseren. Paulus sagt damit, daß wir der alten unabhängigen, sündenliebenden Existenz gestorben sind.

Er würde niemals soweit gehen und behaupten, daß wir nun

unfähig seien, in irgendeiner Weise an solch einem unabhängigen Leben der Sünde teilzuhaben. Vielmehr fordert er in aller Offenheit die Gläubigen auf, nicht mehr zu sündigen. Er sagt, daß wir dann über die Sünde siegen, wenn wir nicht länger in eigener Kraft, losgelöst von Christus, kämpfen, vielmehr eins sind mit ihm durch den Glauben. Sünde ist etwas, was zu einer anderen Welt gehört, einer Welt, der wir nicht mehr angehören. Wir leben nun in einer neuen Welt, die uns durch die Auferstehung Jesu aufgeschlossen wurde. Wenn uns das bewußt ist, werden wir entdecken, daß der Christus, dem wir vertrauen, uns Sieg über die Sünde gibt (Verse 4—5).

Vers 6 hat manch einem Kopfzerbrechen bereitet, weil es heißt: »Unser altes Selbst wurde mit ihm gekreuzigt, damit unser Leib der Sünde abgetan sei« oder »vernichtet« — wie es in einigen Übersetzungen heißt. Im Leben des Gläubigen sieht es nicht so aus, als wenn der Leib für die Neigung zur Sünde gestorben wäre. Wie kann Paulus das dann behaupten? Eine zuverlässige Übersetzung aus dem Griechischen wäre »kraftlos gemacht«, das würde heißen, daß die Macht unseres eigenen unabhängigen Wesens gebrochen ist. Es kann uns nicht länger beherrschen. Dasselbe Wort finden wir in Hebräer 2, 14, und es wird übersetzt mit »die Macht nehmen«.

Andere finden Vers 7 verwirrend, weil sie glauben, daß sie zwar mit Christus tot sind, aber nicht »befreit von der Sünde« in dem Sinne, daß Sünde für sie kein Problem mehr darstellt. Paulus behauptet lediglich, daß der Freispruch durch den Tod Jesu die notwendige Bedingung ist, um von der Macht der Sünde befreit zu sein. Dieses Freiwerden geschieht nicht automatisch, sondern kann nur durch bewußtes Verwachsensein mit Christus in seinem Tod angeeignet werden.

Paulus geht weiter in Vers 8 zur Bedeutung des auferstandenen Lebens Christi in uns, das immer im Zusammenhang steht mit seinem Sterben für uns. Er starb einmal und für alle (Vers 10), so daß die Strafe für die Sünde der Menschheit bezahlt ist. Das Leben, das er jetzt lebt, ist eine ungebrochene Gemeinschaft mit Gott. In demselben Sinn, wie er lebt, sind wir lebendig geworden, so daß Gemeinschaft möglich ist. Diese Gemeinschaft mit ihm ist unsere Hoffnung auch dafür, daß wir jeder Form von verderblichem Einfluß widerstehen können. Paulus ist begeistert von den unbegrenzten Möglichkeiten eines Lebens, das mit Gott gelebt wird. Er drängt uns, uns selbst »der Sünde für tot zu halten« und Gott zu leben. Es ist klar, daß dieses »halten für« notwendig ist, um sich an dem Leben zu erfreuen, das Gott für uns bereitet hat. Da ist nichts automatisch, es ist ein bewußtes Annehmen, und es ist gewiß für jeden Gläubigen möglich.

2. Die Rolle, die der Gläubige in jedem geistlichen Sieg spielt: 6, 11—14

In diesem Abschnitt haben wir etliche Sätze, die alle auf das gleiche hindeuten: »Haltet euch selbst der Sünde für gestorben«, »laßt nicht die Sünde herrschen«, »gebt eure Glieder nicht der Sünde ... hin, sondern gebt euch selbst Gott hin ...«. Der unterrichtete Christ ist in dem Kampf um die Gerechtigkeit nicht neutral, auch dann nicht, wenn alle Siege Gottes sind. Laßt uns die einzigartige Fähigkeit, die uns von dem Rest der Schöpfung unterscheidet, niemals übersehen oder die Bedeutung schmälern, daß unser Wille durch unsere Fähigkeit geleitet wird, eine sittliche Entscheidung zu treffen. Als wiedergeborene Menschen können wir jetzt wählen, ob die Sünde in unserem sterblichen Leibe regieren soll oder nicht. Dies war nicht der Fall, bevor wir in Gottes Augen zu leben begannen. Unsere Leiber werden als unparteiische Instrumente angesehen, und es ist für sie möglich, sich für Ungerechtigkeit gebrauchen zu lassen, sogar bei einem Christen. Wenn es anders wäre, würde Paulus die Römer nicht so dringend auffordern: »Gebt eure Glieder nicht der Sünde als Werkzeug der Ungerechtigkeit hin.« Das unvorstellbar große Werk einer Gerechtigkeit durch Glauben ist, daß wir nicht länger Sklaven der Sünde sein müssen. Die Gnade Gottes, die durch den Tod und die Auferstehung seines Sohnes ausgeschüttet ist, befähigt den Apostel, der ganzen Kirche zu verkündigen: »... die Sünde wird über euch nicht herrschen können« (Vers 14).

3. In der Überlegung, wer oder was unser Meister sein soll, vergiß niemals den ungeheuren Unterschied, den es in Blick auf Sklaverei gibt!: 6, 15—23

Wenn Paulus in Vers 14 erklärt: »Die Sünde soll nicht über euch herrschen«, so erinnert er damit an die Sklaverei. Es ist selbstverständlich, daß er niemanden als frei bezeichnet in dem Sinne, als würde nichts ihn beherrschen. War es nicht Luther, der sagte, daß ein Esel unvermeidlich von irgend jemandem geritten wird? Paulus vergißt niemals, daß die Menschen seine Lehre von der Gnade in moralische Gleichgültigkeit verdrehen können, da sie Gerechtigkeit ohne Werke verspricht. So gebraucht er jetzt das Bild der Sklaverei, um zu illustrieren, wie armselig es ist, wenn Christen von der Sünde beherrscht werden.

»Wißt ihr nicht«, fragt Paulus, »daß, Sklave der Sünde zu sein, Tod bedeutet und Sklave des Gehorsams Gerechtigkeit bringt?« (Vers 16). Er würde nicht behaupten können, daß der Christ, der sündigt, dem Untergang geweiht ist. Er schreibt ja ständig an Sünder, in den verschiedenen Gemeinden, und nicht einmal droht er ihnen mit dem Tod. Wie der Gehorsamsakt uns nicht gerecht macht, so verdammt uns auch nicht eine Sünde. Dieser Gedanke wird in Vers 21 erklärt: »... die Folge jener Dinge ist Tod.« Paulus fordert Christen auf, die Richtung zu bedenken, in die sie gehen, wenn sie sich unter die Herrschaft der Sünde begeben. Seit den Tagen Adams ist Sünde auf den Tod bezogen, und wenn wir frei von Gott leben, werden wir schließlich am Reich des Todes teilhaben. Alle Unabhängigkeit von Gott wird im Tod vollendet.

Wenn jemand in Sünde lebt, sie liebt, sie bevorzugt und darin völlig zu Hause ist, wird er höchstwahrscheinlich endgültigen Tod oder ewiges Getrenntsein von Gott erfahren, ganz gleich, als was er sich bezeichnet. Er war offensichtlich niemals ein Sklave der Gerechtigkeit. Im Gegensatz dazu bringt Paulus sein Vertrauen zum Ausdruck, daß die römischen Christen »... von Herzen der Lehre gehorsam sind«, und er muß dabei das Evangelium der Gnade gemeint haben, das eine Hingabe unter die Herrschaft Christi fordert. Konnte er so sicher sein, daß sie »Sklaven der Gerechtigkeit« sind, hat er wirklich die meisten von ihnen als solche angetroffen, die nicht länger sündigen? Obschon das Bild der Sklaverei für seine Zwecke angebracht ist, entschuldigt sich Paulus fast in Vers 19, weil ihm bewußt ist, daß einige Aspekte irreführen konnten. Er weiß, daß wir nicht Sklaven der Gerechtigkeit sind in dem Sinne, daß wir keine Möglichkeit mehr haben oder unfähig wären zum Ungehorsam. Er zeigt, daß die »Hingabe« unserer Glieder notwendig ist, wenn da ein Leben der Heiligung sein soll (Vers 19).

Die Bedeutung der Sklaverei wird noch einmal durch eine Rückblende für den Christen unterstrichen. Was bedeutet es für einen Ungläubigen, unter der Herschaft der Sünde zu sein? Von Gottes Standpunkt aus gibt es keine Möglichkeit, gerecht zu sein. Da gibt es kein Entrinnen von der Sünde. Und ewige Trennung von Gott ist das Ende (Vers 21). Und dann, als herrlichen Gegensatz, der unmißverständlich aus seiner eigenen Erfahrung stammt, beschreibt Paulus die Vorzüge, Sklave Gottes zu sein: Freiheit von der Herrschaft der Sünde, der Vorzug, geistliche Frucht zu tragen (Seine Frucht), Heiligung, und die Gewißheit, daß wir das ewige Leben, an dem wir uns schon hier freuen, dann erst in seiner Fülle kennenlernen werden, wo es nicht mehr durch menschliche Umstände gedämpft werden kann.

In diesem Zusammenhang ist das Wort »Heiligung« offensichtlich nicht ein Grad der Heiligkeit, der erreicht werden kann, sondern das Ergebnis eines Lebens, das bewußt unter der Herrschaft Christi gelebt wird. Die eigentliche Bedeutung dieses Wortes bezieht sich auf das Beiseitesetzen von Gegenständen oder Personen für einen besonderen Zweck. Ein geheiligter Gegenstand darf nicht für weltliche Betätigung verwendet werden. Eine geheiligte Person ist ein Mensch, der glücklich dem Gott zur Verfügung steht, den er freiwillig erwählt hat, um ihn über sich Herr sein zu lassen.

Der abschließende Vers in Kapitel 6 faßt den gewaltigen Unterschied zusammen zwischen den beiden Wegen, die Jesus als den »breiten« und den »schmalen« bezeichnet. Ein Vergleich zwischen den Worten »Lohn« und »Geschenk« sagt wirklich alles. Es ist unmöglich, ein Geschenk zu verdienen, weil alles, was verdient wird, automatisch zum Lohn wird. Seit Adam hat alles Tun des Menschen den Makel sündiger Unabhängigkeit und führt zu ewiger Trennung. Die Bedingung, ein Geschenk zu empfangen, ist die Bereitschaft, anzunehmen. Das einzige, was man tun kann, ist, Gott für das Geschenk des ewigen Lebens zu danken, das uns in Jesus Christus, unserem Herrn, gegeben ist. Wenn wir das tun, werden wir wissen, wessen Sklave wir sind, und sollten entsprechend handeln.

Unsere neue Natur handelt instinktiv gegen Sünde. Wir können nie mehr ihr ständiger Sklave sein. Gott beschenkt uns mit einem neuen Element — Gerechtigkeit.

Die neue Natur des Gläubigen wird in diesem himmlischen Element glücklich bleiben. Jede andere Atmosphäre ist ihr fremd, und sie wird nicht eher ruhen, bis sie wieder in ihrer natürlichen Heimat zu Hause sein kann.

Die wesentlichen Wahrheiten in Kapitel 6:

1. Tod und Auferstehung von Gottes Repräsentanten — Jesus — hat für die Gläubigen eine große Bedeutung. So wie wir unser Einssein mit Christus in der Taufe bezeugen, sind wir fähig, seinen Tod für die Sünde und sein Leben unter Gott durch ständiges »Bewußtmachen« zu erfahren.

2. Wir überzeugen uns nicht von etwas oder bringen irgend etwas hervor — durch Berechnung. Rechnen ist ein einfacher Kniff, durch den wir uns bewußt aneignen, was unser ist. Wir handeln in dem Vertrauen, daß das, was gegeben wurde, gebraucht werden soll.

3. Der Teil, den der Gläubige in einem göttlichen Leben zu spielen hat, ist: Stelle dich zu Gott, bei allem, was kommt; lebe in ständiger bewußter Abhängigkeit von dem lebendigen Gott; lerne, jede Form von Unabhängigkeit von ihm zu erkennen, und bekenne es ihm als Sünde. Sei stärker damit beschäftigt, ihm zu danken für das, was er tut, als ihn zu fragen nach etwas, von dem du fürchtest, daß er es nicht tun würde.

4. Wenn wir jemandem dienen, der größer ist als wir, warum dann nicht gleich dem Größten und Besten im Universum?

5. Paulus deutet nirgends an, daß Heiligung ein Status sündloser Perfektion ist, sondern mehr eine Lebensbeschaffenheit, die einer Haltung entspringt. Ein Gläubiger, der sein Leben als Instrument in der Hand Gottes sieht, das für Seine liebende Absicht gebraucht wird, hat die Einstellung, aus der Heiligung erwächst. Gott ist es, der heiligt, was geweiht ist, und es ist Sein Leben, das in der geheiligten Person zum Ausdruck kommt.

6. So wie ewiges Leben ein Geschenk ist, so ist auch alles im Leben eines Christen ein Geschenk. Nur das Leben ist für Gott annehmbar, das von Ihm ist. Die einzige Rolle, die wir in all dem spielen, ist die des Empfangenden.

7. Kapitel

Die Funktion des göttlichen Gesetzes im Leben eines Christen

1. Das Gesetz hat nur solange Rechtskraft über einen Menschen, wie er lebt: 7, 1—6

Obwohl Paulus ausführlich über das Gesetz gesprochen hat, muß er noch einmal auf dieses Thema zurückkommen, weil es für jeden, der an einem Leben in Gerechtigkeit interessiert ist, von größter Bedeutung ist. Die Frage ist: Wenn das Gesetz nur verurteilen kann, wie sollen sich jetzt die Christen, die sich gerecht gesprochen wissen, ohne die Werke des Gesetzes ihm gegenüber verhalten? Da es ewig ist wie Gott selbst, kann der Christ es sich nicht leisten, das Gesetz zu ignorieren. Aber wie kann es ihm gelingen, seinen Grundsätzen gemäß zu leben?

Das Ehegesetz macht deutlich, daß der Tod die Umstände verändert. Eine Frau ist keine Ehebrecherin, wenn sie nach dem Tode ihres ersten Ehemannes heiratet. Die Illustration ist ziemlich kompliziert, aber wie in den Gleichnissen Jesu beabsichtigt Paulus nicht, alle Einzelheiten des Bildes in sein eigentliches Anliegen hineinzupressen. Seitdem wir dem Gesetz mit Christus gestorben sind, in dem Sinn, daß es uns nicht länger verdammen kann, und seinen Forderungen, die es an uns stellte, Genüge geschehen ist, sind wir jetzt für eine neue Beziehung frei, nämlich für eine Verbindung mit unserem auferstandenen Herrn. Paulus sagt, daß der Christ nie mehr die Verurteilung des Gesetzes zu fürchten braucht, und in dieser Freiheit kann er jetzt dem Herrn in der Neuheit des Geistes dienen. Da ist eine Frische und Originalität in dem Dienst eine Person, die nicht länger durch Furcht beherrscht ist, sondern befreit ist, glücklich darüber, daß sie gebraucht wird, den Willen Gottes zu tun (Vers 6).

2. Denke nur keiner, daß wir das Gesetz mißbilligen oder seine Bedeutung als geringfügig darstellen: 7, 7—13

Es ist wahr, daß das Gesetz Gottes eine negative Funktion im Leben des Menschen ausübt; aber diese Funktion ist absolut notwendig. Hier beginnt Paulus, seine Geschichte in der ersten Person zu erzählen. Er weiß eine Menge über die Wirkung des Gesetzes in seinem eigenen Leben und fühlt, daß seine Erfahrung wohl wert ist, erzählt zu werden. Erst als ihm die Verbote des Gesetzes bewußt wurden, erkannte er plötzlich, wie habsüchtig die menschliche Natur ist.

In diesem Sinn brachte das Gesetz Sünde zum Leben. Wenn er in Vers 9 sagt, daß er »einmal ohne Gesetz lebte«, deutet er auf einen Zustand des Nichtverantwortlichseins hin, weil er das Gesetz am Anfang nicht kannte. Aber nachdem er mit den Forderungen des Gesetzes in seiner frühen Kindheit konfrontiert worden war, änderte sich die Situation. Die Wirkung des Gesetzes, das Leben zu versprechen schien, war Tod. Aber der negative Effekt darf uns niemals veranlassen, es zu verwerfen.

Sünde muß als Sünde erkannt werden, muß bewußt Sünde werden, damit Menschen die Anstrengungen der Selbstgerechtigkeit aufgeben. Es mag nicht sofort sichtbar werden, wie wichtig dies ist; aber wenn jemand erkennt, daß die Unabhängigkeit des Menschen von Gott sein Hauptproblem ist, gewinnt das Gesetz neu an Bedeutung. Das Beharren des Menschen darauf, daß er gut genug sei und stark genug und weise genug, um das Leben zu meistern, ist die Wurzel jeder anderen Sünde. Gott ist notwendig für das ordentliche Funktionieren eines jeden Atoms in unserem Universum; nur der Mensch versucht, seine Erfüllung außerhalb von ihm zu finden. Aus diesem Grunde besteht Paulus darauf, daß das Gesetz seine tödliche Pflicht tun muß, und er trifft jegliche Vorsorge, um zu verhindern, daß sein Evangelium als eine Kritik an Gottes heiligem Gesetz interpretiert werden kann (Vers 13). Ohne das Gesetz könnte Gottes heiliges Evangelium nicht überzeugend allen Menschen gepredigt werden.

3. Nicht das Gesetz ist verkehrt, sondern wir sind es: 7, 14—25

Paulus bezeugt nun ein Problem, mit dem jeder von uns schon zu tun hatte: Er erkennt Gottes Gesetz als gut und richtig an, freut sich aber, daß er dem Gesetz in Christus gestorben ist und auf diese Weise nicht von seinem Verdammungsurteil getroffen wird. Aber was jetzt, da seine alte Natur, das Fleisch, bei der Bekehrung nicht starb, wie er durch traurige Erfahrung gelernt haben muß? Was war Gottes Antwort darauf? Nach seiner dramatischen Bekehrung in der Nähe von Damaskus — durch die versichert wurde, daß Gott ihn aufgenommen hatte —, dachte Paulus vermutlich, daß Sünde für ihn kein Problem mehr darstellen würde. Aber bald entdeckte er, daß er zwei Naturen besaß: die neue, die glücklich war, Gottes Willen zu tun, und die in Übereinstimmung mit seinem neuen Gesetz lebte, und die alte, die noch angezogen wurde von den Ansichten, Befriedigungen und unabhängigen Möglichkeiten dieser Welt. Er konnte sogar sagen, daß diese neue Natur sein eigentliches Selbst war, aber das löschte die alte nicht aus.

Wenn Paulus sagt: »...nichts Gutes wohnt in mir, das ist in meinem Fleisch« (Vers 18), so ist damit in keiner Weise der Körper gemeint. Vielmehr behauptet er, daß unsere unabhängige menschliche Natur nicht frei ist von Egoismus, daß sogar unsere guten Taten vergiftet sind und daß Menschen, die ihrer eigenen Erfindungsgabe überlassen sind, nur irregehen können. Da unsere Seele in unserem Körper eingesperrt ist, solange wir in dieser Welt sind — und dieser Leib ist oft ein bereitwilliges Instrument für unsere unabhängigen Wünsche — spricht Paulus von dem »Gesetz in den Gliedern meines Körpers«, das gegen das »Gesetz in meinem Geist« (Luther: Gemüt) kämpft (Vers 23). Paulus spricht hier von zwei Gesetzen, aber tatsächlich meint er das eine Gesetz Gottes und zwei Prinzipien: das Fleisch mit seiner Neigung zur Unabhängigkeit von Gott, und der Geist oder die neue Kreatur, die daran Gefallen findet, Gottes Willen zu tun. Die Konfrontation dieser beiden Prinzipien in einem menschlichen Sein führt gewöhnlich zu einem Hilferuf, der dem in Vers 24 nahe kommt: »Wehe mir! Wer wird mich befreien...«. Auch wenn der um Hilfe Rufende weiß, daß das Gesetz ihn nicht länger verdammen kann.

Paulus teilt mit uns seine Frustration, Gott als seinen liebenden Vater zu wissen und den großen Wunsch zu haben, ihm zu gefallen und noch immer sich selbst mit menschlicher Schwachheit herumquälen zu müssen. Er ahnt die Antwort auf dieses Dilemma, wenn er im letzten Vers ausruft: »Dank sei Gott durch Jesus Christus unsern Herrn!« Seine Unfähigkeit, mit seiner neuen Überzeugung in Übereinstimmung zu leben, wird ihn in eine neue Tiefe des Vertrauens zu seinem Herrn bringen. Kapitel 3 führt das noch weiter aus.

Die wesentlichen Wahrheiten in Kapitel 7:

1. Jene, die in Christus sind, sind dem Gesetz gestorben in dem Sinne, daß sie sich ihre Erlösung nicht mehr durch Erfüllung seiner Forderungen zu verdienen versuchen müssen.

2. Das Leben einer erneuerten Person ist durch eine neue Beziehung charakterisiert. Unsere Beziehung zu dem auferstandedenen Christus ist nicht eine Sache der Sklaverei, sondern ein Vorrecht. Unsere Liebe zu ihm und die Abhängigkeit von ihm wird seine Art Frucht hervorbringen. Die Frucht wird gezeichnet sein durch die Originalität und Spontaneität des Geistes.

3. Das Gesetz wird immer unsere Richtschnur sein, weil es auf grundlegender Moral beruht, was sicherlich Gottes Absicht für das Leben seiner Leute ist. Christen sind keine Gesetzesfanatiker, aber sie sind auch nicht gesetzlos. Ihre Hoffnung liegt nicht im Gesetz begründet, aber sie betrachten es immer als Gottes Maßstab.

4. Die gerettete Person ist nicht frei von der alten Natur, genannt Fleisch, obschon sie mit Gott versöhnt ist. Sie sollte nicht überrascht sein, in sich selbst zwei widerstreitende Naturen zu entdecken: das Fleisch und den Geist.

5. Das göttliche Leben ist immer ein Resultat, das Gott durch den Heiligen Geist in seinen Leuten wirkt. Dies gilt sowohl nach der Bekehrung als vorher.

8. Kapitel

Gottes gnädige Fürsorge im Blick auf die unmögliche Situation des Menschen

1. Die Befreiung: 8, 1—8

Dieses Kapitel ist die Zusammenfassung all dessen, was Paulus über die Fürsorge Gottes angesichts der Ungerechtigkeit und Schwachheit des Menschen zu sagen hat. Angefangen von der Verderbtheit des Menschen bis hin zu seiner Erlösung zeigt Paulus, daß der Mensch völlig von Gott abhängig ist. Für den Christen ist es wichtig zu wissen, wie er in einer Welt, die nicht die Herrschaft Christi anerkennt, sinnvoll leben kann, besonders wenn seine alte Natur noch von dieser Welt angezogen wird.

Das Wichtigste in einem sieghaften Leben ist die Befreiung von der Verdammnis. Paulus sagt, daß es keine gibt für diejenigen, die Jesus Christus vertrauen. Und das sollten wir ihm glauben. Wer dauernd zwischen Vertrauen und Hoffnungslosigkeit schwebt und sich der Liebe Gottes ungewiß ist, der wird sich niemals eines sieghaften Lebens erfreuen. Er kann unmöglich den Sieg im täglichen Leben kennenlernen. Gottes Geschäft ist es nicht, die Menschen zu verdammen. Zwar verurteilt sein Gesetz jene, die seine Hilfe für Sünder zurückweisen, aber seine Natur ist Liebe, und er sucht unentwegt das Gute für den Menschen. Bitte denken Sie daran: die einzige Voraussetzung, von der Verurteilung befreit zu werden, ist, »in Christus Jesus zu sein«. Alle Sünder, die ihm für ihre Erlösung vertrauen, sind »in ihm«, auch wenn sie weiterhin ihre Unvollkommenheit spüren wie Paulus im 7. Kapitel.

Es ist von lebenswichtiger Bedeutung für uns, daß wir zwischen Verdammung und Überführung durch den Geist unterscheiden. Verurteilung ist vom Bösen, immer entmutigend, und das verbreitetste Symbol ist der Wunsch aufzugeben, zu glauben, daß es keinen Zweck hat, weil es doch nicht sicher ist, daß Gott uns liebt. Das ist ein bevorzugter Schachzug des Feindes, der weiß, daß ein Verurteilter nichts mehr erwartet als Gericht und nicht einmal mehr mit der Hilfe Gottes rechnet. Ein anderer Grund, warum Verurteilung einen Christen so erfolgreich frustriert, ist: fast immer knüpft Satan an etwas in uns an, das ihm einen Grund zu unserer Verurteilung zuspielt. Wir sind schrecklich verwundbar.

Die Überführung des Geistes ist etwas völlig anderes. Sie ist immer von Gott. Sie entmutigt niemals, sie drängt stets, aufzustehen und weiterzugehen. Überführung ist Gottes liebende Erinnerung, daß er wie ein Vater nicht den Dingen, die uns weh tun, die unser Glück zerstören oder unsere Gemeinschaft vergiften, gleichgültig gegenübersteht. Er spricht mit uns über diese Dinge, nicht um uns zu verdammen, sondern uns zu ermutigen, diese Dinge in Ordnung zu bringen. Sie sehen, daß es keine Schwierigkeit ist, zwischen Überführung und Verurteilung zu unterscheiden, und der Gläubige braucht nie wieder unter der letzteren zu leiden.

In den Versen 2 und 3 zeigt Paulus, wie es zu dieser Befreiung vom Gericht gekommen ist. Was das mit dem Gesetz beladene »Fleisch« nicht fertigbrachte, tat Gott. Er sandte seinen eigenen Sohn, der — obschon er in menschlichem Fleisch lebte — vollkommen gerecht war, und richtete die in unserer menschlichen Natur wohnende Sünde. Unsere Sünde, die nun bereits abgeurteilt ist, kann nicht wieder und wieder verurteilt werden, und so kann das Gesetz jene nicht antasten, die in Übereinstimmung mit dem Geist leben. In Vers 5 werden diese Menschen solche genannt, die ihre Gedanken auf Dinge des Geistes richten. Diese sind offensichtlich Gläubige. Paulus beschreibt sie so sorgfältig, um zu zeigen, wer frei von der Verurteilung ist.

In diesen Versen taucht nun eine wichtige Frage der Interpretation auf: Wer sind diese, die (Vers 5) ihre Gedanken auf die Dinge des Fleisches richten und einen Geist haben, der Gott feindlich ist (Vers 7); die sich dem Gesetz Gottes nicht unterstellen (Vers 7), ja, nicht einmal fähig sind, es zu tun (Vers 7), und »Gott nicht gefallen können« (Vers 8). Wenn Paulus hier Christen beschreibt, die ihre Verstrickung in fleischlichen Werken (Gal. 5, 19—21) bekennen müssen, dann sind sie vom Tod bedroht (Vers 6) und haben allen Grund, sich verurteilt zu fühlen. Wenn Paulus in Kapitel 7, 15 sagt: »Ich tue das, was ich hasse«, hatte er dann seinen Geist auf die Dinge des Fleisches gesetzt? War er furchtsam oder geistlich tot und fühlte er sich verdammt?

Paulus konnte die Beschreibung in den Versen 4—8 nicht auf sich anwenden, weil es von ihm nicht heißen konnte, daß sich sein Geist nicht dem Gesetz Gottes unterworfen hätte. Er erkannte die volle Autorität des Gesetzes Gottes an, aber er war frustriert, denn er erkannte, daß er nicht fähig war, es zu halten.

Die Verse 4—8 widersprechen nicht der Feststellung des Paulus, daß es für Gläubige keine Verdammung gibt, was die hier beschriebenen Menschen aber sind. Es wird deutlich, daß unser Fleisch niemals der Grund unserer Erlösung sein kann, weil der natürliche Mensch unfähig ist, Gott zu gehorchen und geistliches Leben hervorzubringen. Wer von dieser Tatsache überzeugt ist, wird das annehmen, was »Gott tat« (Vers 3), vorausgesetzt, daß er wirklich mit Gott versöhnt werden will.

2. Die Kraft: 8, 9—14

Menschen, die durch widerstreitende Naturen geplagt werden, sollten ferner wissen, daß der Geist Gottes ständig in ihnen lebt. Er kommt bei der Bekehrung, und seine Gegenwart versichert uns, daß wir zu Christus gehören. Kein Christ ist ohne den Heiligen Geist. Es ist klar, daß unsere Leiber, die zu einer durch Sünde verdorbenen Schöpfung gehören, dem Tod verfallen sind (Vers 10). Aber unser geistliches Leben ist die Garantie Gottes dafür, daß nicht einmal Sünde in uns den Plan Gottes von Auferstehung und Verherrlichung dieser Leiber zunichte machen kann. Selbst dieser Leib, in dem unsere fleischliche Natur zu Hause ist, ist in den vollkommenen Plan Gottes einbezogen.

Weil Paulus dies weiß, weist er in Vers 12 Gläubige darauf hin, wie wichtig es ist, daß sie ihr Leben im Sinne des Geistes leben und nicht im Sinne des Fleisches. Wir sind immer »verpflichtet«, nicht mit dem Fleisch übereinzustimmen. Wer einmal den großen Unterschied zwischen Fleisch und Geist erkannt und Gottes Vorsorge für seine Kinder gesehen hat, fühlt, daß ein Gläubiger »verpflichtet« — nicht gezwungen — ist, sein Leben so zu führen, wie Gott es beabsichtigte.

Es klingt, als würde er dem fleischlichen Christen mit dem Tod drohen (Vers 13), aber der Sinn des Griechischen ist nicht »du mußt sterben«, sondern mehr: du bist »im Begriff zu sterben«. Dies ist die genauere Wiedergabe. Es ist derselbe Gedanke wie im 6. Kapitel, wo Paulus die Gläubigen erinnert, daß sie die Richtung sich vergegenwärtigen sollen, in der sie sich bewegen, wenn sie Sklaven der Sünde sind (6, 16). Wenn Paulus in Vers 13 die Formulierung gebraucht »nach dem Fleisch leben«, so sind damit nicht einzelne sündige Taten gemeint, sondern die Haltung. Und weil diejenigen, die in dieser gottfeindlichen Gesinnung leben, sterben werden, bittet er dringend die Gläubigen, die »Taten des Fleisches dem Tod zu übergeben« und verspricht, daß sie dann leben werden. Allem Anschein nach rechnet er damit, daß da einige Taten sind, die in den Tod gegeben oder bekannt werden müssen.

Der beste Beweis, Kind Gottes zu sein, ist nach Vers 14, daß jemand durch den Geist geführt wird. Führung ist unter Christen etwas ziemlich Unklares. Nicht selten denken sie dabei an mystische Erfahrungen, unerwartetes Geschehen oder Zufall. Natürlich kann uns Gott auch auf solche Weise führen. Aber ich bezweifle, daß es das ist, was Paulus im Sinn hat, wenn er sagt, daß Führung Beweis der Kindschaft ist. Er hat gerade in Vers 13 gesagt, daß der Geist Gottes Mittel ist, Sünde zu erkennen und mit Sünde fertigzuwerden, und dann folgt: »Denn alle, die durch den Geist Gottes geführt sind, sind Kinder Gottes.« Das Wort »denn« veranlaßt uns, diesen Vers im Zusammenhang mit den vorhergehenden Versen zu sehen. Wenn wir »durch den Geist« unser Leben in Ordnung halten, besagt dies nicht, daß wir vom Geist »geführt« werden. Das Mahnen des Geistes, der mich nicht ohne Pein sündigen läßt, ist Sein Leiten, und dieses Leiten läßt mich wissen, daß ich Sein bin.

3. Die Beziehung: 8, 15—23

Paulus spricht in Vers 14 von »Kindern Gottes«, und dies führt zu einem dritten Weg, wie die Herrschaft des Geistes über das Fleisch im täglichen Leben gepflegt werden kann. Wir müssen den Unterschied zwischen Sklave und Sohn beherzigen. Ein Sklave lebt in Furcht, weil er entlassen werden kann, aber ein Sohn hat gewisse Vorrechte der Familienzugehörigkeit, die Furcht ausschließen sollte. Der Geist der Adoption macht uns fähig, Gott als einen liebenden Vater zu sehen, und der Geist Gottes bezeugt unserem menschlichen Geist, daß Gott uns liebt, uns annimmt und beschlossen hat, für uns verantwortlich zu sein. Jede Zusicherung, Kind Gottes zu sein, ist das unmittelbare Werk des Heiligen Geistes in uns. Ein Kind wird automatisch Erbe und hat ein Recht, am Vermögen der Familie teilzuhaben (Vers 17). Unsere größte Erbschaft wird die Herrlichkeit unseres Vaters sein, die wir mit ihm teilen.

Aber noch ein anderes Erbe werden wir in der Familie Christi teilen: Leiden. Das Leid ist von jeher ein Gottesweg zum Vorrecht gewesen. Angefangen mit Vers 18, beschreibt Paulus wichtige Einzelheiten, um die Rolle des Leids in dem Leben von Gottes Kindern zu erklären. Allem Anschein nach legt er größten Wert darauf, daß die Leiden, die zu ertragen wir aufgerufen sind, in keiner Weise unser Vertrauen in die Liebe unseres Vaters erschüttern sollen. Wir sollen die Kraft unserer familiären Beziehung inmitten des Lebenskampfes nicht verlieren.

Paulus spricht von einer Schöpfung, die der Sinnlosigkeit und Korruption ausgeliefert ist und bis zum Offenbarwerden der Söhne Gottes die Schmerzen der Geburt erleidet.

Es ist klar, daß er auf den Bann hinweist, unter dem die Erde seit Adam leidet (Gen. 3, 17). Das »Offenbarwerden« (Vers 19) der Söhne Gottes wird an dem Tag stattfinden, an dem Christus wiederkommt, um sein Königreich auf Erden einzunehmen. Endlich werden alle seine Kinder erkannt werden und der Fluch, der auf der Erde liegt, wird aufgehoben. Die volle Bedeutung einer Schöpfung, die sich »der Freiheit der Herrlichkeit der Kinder Gottes« erfreut, können wir nur erahnen. Aber Paulus sieht, daß es ein unvergleichbares Entgelt für das gegenwärtige Leiden sein wird.

Die Gegenwart des Geistes in unserem Leben gibt uns schon einen kleinen Vorgeschmack von dem, was vollkommene Übereinstimmung mit Gott sein wird. Diese Übereinstimmung kann nur stattfinden, wenn unser Leib verherrlicht ist. Das »Seufzen« deutet darauf hin, daß die gegenwärtigen, begrenzten Umstände oft schwer zu ertragen sind; aber darüber hinaus lebt in den Gläubigen die Vorfreude auf die zukünftige Herrlichkeit, die in keinem Vergleich stehen wird zu den ausgestandenen Leiden. Hoffnung ist ein sehr wichtiger Teil unseres Lebens, und die Tatsache, daß das Ziel nicht sofort erkennbar ist, macht sie nicht weniger wertvoll.

4. Laßt uns glücklich sein, wir haben etwas, auf das wir hoffen: 8, 24—27

Die Fürbitte des Geistes für leidende Heilige sollte uns mit großem Dank erfüllen. Es ist nicht leicht, für uns zu erkennen, wann Leiden angenommen werden muß und wann wir dem Leiden ausweichen sollen. So wird unser Gebet oft unbestimmt sein. Aber wir können uns mit dem Gedanken trösten, daß der Geist viel besser über das informiert ist, was Gott sieht, und weiß, was für unsere Entwicklung wichtig ist, und daß er schon unsere Vollendung im Auge hat. So können wir uns Ihm anvertrauen — in jeder Situation. Seine Fürbitte für uns, die »im Einklang steht mit dem Willen Gottes« (Vers 27), sollte jede Ängstlichkeit in uns vertreiben, denn es ist unmöglich, unter der Führung des Geistes das Beste, das Gott für uns ausersehen hat, zu verfehlen.

5. Die Gewißheit: 8, 28—39

Nach seiner Abhandlung über die Bedeutung des menschlichen Leidens ist der Weg für Paulus frei zur positivsten Aussage in seinem Brief. Hier empfängt der »Elende«, der von seiner alten Natur geplagt wird, die nicht sterben will, seine größte Ermutigung.

Wir wissen nicht, wie wir beten sollen, aber wir wissen, daß alle Dinge zum Guten zusammenwirken, bei denen, die das Evangelium Gottes anerkennen und nichts anderes können, als ihn zu lieben. Das Evangelium garantiert, daß er uns für seine Zwecke gefangen hat, und diese Art Ruf ist alles, was wir brauchen, um zu wissen, daß seine Liebe »in allen Dingen« (Vers 28) unseres Lebens zum Ausdruck kommt.

Um sicher zu sein, daß seine Leser die volle Bedeutung ihres Berufenseins erkennen, zeigt Paulus ihnen in zwei Versen die ganze Reichweite von Gottes Fürsorge für sein Volk (Verse 29—30) von Ewigkeit zu Ewigkeit. Es beginnt mit Gottes Vorauswissen, das zu dem Ruf führt und zum Gerechtsprechen seiner Kinder. Das Ziel ist erreicht, wenn seine Kinder verherrlicht sind und in vollkommener Gemeinschaft mit ihrem Herrn leben. Das Bild Gottes, das durch den Sturz des Menschen in die Unabhängigkeit zerstört worden war, wird vollkommen wiederhergestellt, wenn er verherrlicht ist und »wir sein werden wie ER, denn wir werden IHN sehen, wie ER ist« (1. Joh. 3, 2). Welch eine Ermutigung zu wissen, daß unsere gegenwärtige Gerechtsprechung durch Glauben nur geschehen konnte, weil Gott uns von Ewigkeit her kannte, und daß er immer seine Kinder vollkommen wiederhergestellt sieht im Zustand der Herrlichkeit, aus der sie gekommen sind.

Die großartige Schlußfolgerung des Paulus wird in Vers 31 dargelegt. Wenn wir darüber nachdenken, daß wir mit Gott versöhnt sind aufgrund eines Planes, der bereits vor Beginn der Zeit begann und fortdauert bis zur Herrlichkeit im Himmel, so sollte das genug sein, um uns davon zu überzeugen, daß Gott für uns ist. Welch einen Unterschied bedeutet diese freudige Zuversicht für einen Christen, der sich abmüht. Wenn das so ist, wer kann dann gegen uns sein! Wer könnte uns mit irgend etwas beschweren, wer könnte uns verdammen oder wer könnte uns je von einem Gott trennen, der uns genug liebte, um sein Liebstes und Bestes zu opfern? Auf diese Frage kann es nur eine einzige Antwort geben!

Niemand kann uns verdammen, weil der auferstandene Christus für uns vor dem Vater eintritt. Dies ist ein Teil des vollendeten Werkes des Kreuzes, daß das Opfer Christi für Sünder weiter wirksam wird, in dem er für uns in unserer Not da ist, solange wie da Not ist. Darum gibt es »keine Verdammnis für solche, die in Christus Jesus sind«. Wenn durch unser Versagen oder durch unsere Schuld Gnade wieder erforderlich wird, so braucht unser großer Fürsprecher nur seine verwundeten Hände auszustrecken. Sie sind beredter als all die Worte, die je gesprochen wurden. Gott hat uns nicht nur zu seinen eigenen Kindern ernannt, sondern auch für jede nur denkbar mögliche menschliche Situation vorgesorgt.

Paulus ist der Ansicht, daß ein Gott, der uns so liebt, äußerst vertrauenswürdig ist. Daß Paulus Verfolgung und Schwert erwähnt, zeigt, daß Christen schon damals um ihres Glaubens willen gelitten haben. Aber sie können in allen Situationen wissen, daß die Liebe Christi unverändert bleibt. Es wird nicht möglich sein, die Christen von all ihren Versuchungen zu befreien, aber sie brauchen nie an der Liebe Gottes zu zweifeln, die unter ihnen ist.

Wenn Paulus Psalm 44 zitiert, so sehen wir, daß durch Jahrhunderte Gottes Volk verwirrenden Situationen gegenübergestanden hat. Aber es kann kein Zweifel darüber bestehen, daß Gott sich liebend um sein Volk kümmert, denn alles, was ein Kind Gottes erlebt, ist »um Deines Namens willen« (Vers 36).

Kapitel 8 schließt mit einer starken Behauptung. Es heißt, Gottes Volk siegt darum so überwältigend im Leben (»weit mehr als Überwinder« (Vers 37), weil es zutiefst überzeugt ist von »dem, der uns liebt«. Die Liebe, die »uns nicht losläßt«, wird die Hauptrolle in unserem Siegesleben spielen. Wenn wir nicht überwinden, so deshalb, weil wir dieser Liebe gleichgültig gegenüberstehen oder vergessen, daß sie existiert, oder überzeugt sind, sie könne wegen unserer Sünde nicht wirksam werden. Paulus zeigt uns hier die Antwort Gottes auf unsere alte, unzufriedene, unabhängige Natur und erreicht damit den Höhepunkt seiner Argumentation. Kann es für Christen, die nicht von der völligen Zuverlässigkeit und dem Erbarmen unseres Heilandes überzeugt sind, irgendeine Hilfe geben? Viele hören, was sie tun sollten, um im täglichen Leben erfolgreich zu sein, aber nur wenige halten an diesem höchsten Versprechen fest: »Nichts in all dieser Welt kann uns scheiden von der Liebe Gottes.« Es ist amüsant zu beobachten, wie Paulus all die Kategorien menschlicher Existenz ausschöpft, um all das aufzuzählen, was uns nicht trennen kann, und schließlich noch hinzufügt »noch irgendeine andere Kreatur«, für den Fall, daß er etwas ausgelassen haben könnte.

Wir sollten darauf achten, wenn wir dieses gewaltige Kapitel abschließen, daß die Liebe Gottes in »Christus Jesus, unserem Herrn«, ist (Vers 39). Gott ist Liebe, und er offenbart sich selbst in einem Leben vollkommener Liebe. Es konnte nur Liebe gewesen sein, die den sündlosen Sohn Gottes veranlaßte, unsere Schuld auf sich zu nehmen. Paulus erklärt all das in bezug auf die Notwendigkeit und Bedeutung der Erlösung Gottes, um uns davon zu überzeugen, daß wir — als Objekt solcher Liebe — etwas haben, auf das wir uns verlassen können. Gottes vollkommene Gerechtigkeit kann nicht mit seiner vollkommenen Liebe einen Kompromiß schließen. Das Gesetz kann bei der Erlösung nicht ausgeschlossen werden, und Strafe muß getragen werden, aber niemals wird das helle Licht der Liebe Gottes dadurch überschattet.

Erst durch die Befreiung von jeder Art Verdammnis ist es uns möglich, damit anzufangen, von Gott echte Hilfe für unsere unmöglichen Situationen zu erwarten. Der Heilige Geist als die Kraft der lebendigen Gegenwart Gottes macht das Leben Jesu wirksam und für jeden zugänglich, der mit ihm im Glauben rechnen will. In Zeiten, in denen unsere Umstände eher dem alten Sklavendasein gleichen als der hohen Stellung des Sohnes, sollten wir uns an das Vorrecht der Familienzugehörigkeit erinnern.

Aber die stärkste Ermutigung für den unsicheren, elenden Menschen mit seinen zwei Naturen ist Gottes grenzenlose Liebe. Und diese Liebe ist nicht nur Ermutigung, sondern bringt wahrhaftig siegreiches Leben in unsere Reichweite. Diese Liebe, die einen Sohn in den Tod sandte, hat ihn auch auferweckt von dem Tod, um das Leben seiner Geliebten zu sein. Dieses Kapitel mündet in die Schlußfolgerung, daß die Erfahrung der Liebe

Gottes das Entscheidende ist im Leben eines Gläubigen. Diese Liebe ist der dominierende Faktor im Bewußtsein eines jeden lebendigen Christen.

Die wesentlichen Wahrheiten in Kapitel 8:

1. Ein Christ, der in irgendeiner Form die Verurteilung annimmt, tut dem Bösen einen Gefallen, bürdet sich selbst unnötigerweise eine Last auf und schafft das größtmögliche Hindernis für ein Leben in sieghaftem Glauben.

2. Die Überführung des Heiligen Geistes ist Gottes Methode, seine Kinder zur Gerechtigkeit zu erziehen, und sollte freudig empfangen werden. Das Kreuz sollte im Leben des Fleisches getragen werden. Es kann schmerzhaft sein, aber es will niemals entmutigen oder niederdrücken.

3. Jeder, der »nach seiner sündigen Natur« lebt und »seinen Sinn auf das setzt, was die Natur wünscht«, und den »Geist eines sündigen Menschen« hat, was »Tod« bedeutet, und sich Gott gegenüber feindlich verhält, sich nicht Gottes Gesetz unterwerfen kann, ist nicht erneuert. Paulus benutzt diese Sätze in den Versen 4—8, um zu unterstreichen, wie unmöglich es für den Menschen ist, aus seiner alten Natur je göttliches Leben hervorzubringen.

4. Die Kraft des Heiligen Geistes, die dem Glaubenden zur Verfügung steht, kann nicht in Frage gestellt werden. Die Hauptfunktion des Heiligen Geistes besteht darin, das Leben Jesu in jedem ansprechbaren Herzen hervorzubringen. Die einzige Voraussetzung für Sein Wirken ist Glaube. In diesem Kapitel, das uns über das Amt des Geistes mehr spezielle Informationen gibt als irgendein anderes Kapitel der Bibel, werden Gemütsbewegungen oder Gefühle nicht erwähnt.

5. In Gottes Familie hineingeboren zu werden, ist das größte Vorrecht des Menschen und schließt alle Rechte des Kindseins ein. Unser Vater sehnt sich nach einer persönlichen, innigen Beziehung zu seinen Kindern. Wir haben das Recht auf sofortigen Zugang, und Er wird mit echtem Interesse allem zugewandt sein, was unser Leben berührt, selbst wenn es sich um das Geringste handelt.

6. Leiden ist das allgemeine Los, auch von Gottes Kindern, weil auch sie Teil einer Schöpfung sind, die noch nicht erlöst ist.

Sie dürfen unter keinen Umständen ihrer Versuchung erlauben, einen Schatten des Zweifels auf die liebende Absicht ihres Vaters zu werfen oder ihre Zugehörigkeit zur Familie Gottes in Frage stellen.

7. Selbst in unserem begrenzten Verständnis des Willens Gottes können wir mit Vertrauen beten, weil der Heilige Geist der Absicht des Vaters entsprechend unser Beten lenkt.

8. Die Treue des Geistes und die liebende Absicht des Vaters versichert uns, daß alle Dinge bei denen zum Guten zusammenwirken, die Ihn lieben.

   Die größte Tatsache unserer Erlösung ist die unveränderliche Liebe Gottes. Nichts und niemand kann uns davon trennen. Wenn er uns gerecht sprechen will, wer kann sein Recht anzweifeln? Dies zu wissen, sollte uns zu mehr als Überwindern werden lassen.

9. Kapitel

Widerspricht das Evangelium des Neuen Testaments mit seiner Verheißung der Gerechtsprechung aller Gläubigen den Verheißungen, die Gott den Juden durch Abraham gegeben hat?

1. Kinder der Verheißung: 9, 4—18

Wie steht es mit Gottes Verheißungen, die er den Juden gegeben hat? Paulus beginnt seine Abhandlung über dieses heikle Problem mit feierlichem Schwur. Er beteuert, daß das Schicksal seines Volkes ihm so nahe geht, daß er seine eigene Erlösung aufgeben würde, wenn das ihnen helfen könnte. Wenn er all die Vorzüge der Juden aufzählt, ist es verständlich, daß er äußersten Respekt vor seinen eigenen Leuten hat. Paulus sagt: »Ihr seid von Gott auf mancherlei wunderbare Weise gebraucht worden, aber das Höchste all dessen, was er tat, war, den Retter der Welt durch euch einzuführen. Wie bedauerlich, daß ihr ihn nicht anerkennt!«

Durch alle Zeiten hat es klare Zeugenaussagen von Gottes Vorsorge und Auslese seiner Instrumente für sein weltweites Programm gegeben. Nicht alle Kinder Abrahams, sondern nur Isaak und seine Nachkommen waren »Kinder der Verheißung«. Im Fall von Rebekkas Zwillingen wurde Gottes Auslese noch deutlicher. Jakob wurde von Gott für seine Rolle in dem göttlichen Programm vorbereitet, noch bevor er geboren war. Paulus fragt die Juden: »Hatte Gott nicht ein Recht dazu, so zu handeln?«

Es ist wichtig zu wissen, daß der Satz »Esau habe ich gehaßt«, nicht Gottes letzter Ausruf über das Leben von Esau ist. Gott haßte die Sünde und Schuld von Esau, wie er die Sünde vieler anderer Juden und Nichtjuden — ebenso wie die Jakobs — haßte. Aber nicht alle Juden waren ausgewählt, solch eine Rolle in der Erlösung der Menschheit zu spielen, wie Abraham, Isaak und Jakob. Über Gottes endgültige Bestimmung hinsichtlich Esaus und anderer Leute wie ihn ist uns nichts berichtet, es gibt also keine Befugnis, sie als verdammt anzusehen. Alles was Paulus hier über Gottes Vorherbestimmung schreibt, zielt auf die göttliche Erwählung (Vers 11), und die Auswahl von Menschen für Gottes Ziel hat keinen direkten Bezug auf ihren moralischen Charakter; »nicht auf Grund von Werken, sondern aus Gnade des Berufers« (Vers 12). Paulus führt dies weiter aus, indem er sagt, daß Pharao in die Höhe erhoben wurde, damit Gott seine Macht durch ihn beweisen konnte. Hier ist ein Hinweis auf die Beziehung zwischen dem freien Willen eines Menschen und Gottes Souveränität: Zuerst heißt es, daß Pharao sein eigenes Herz nach den ersten Plagen verhärtete (Ex 9, 12; 34, 35). Später heißt es, daß Gott das Herz Pharaos verhärtete (Vers 18; Ex 10, 10.27). Das menschliche Empfinden mag gegen die Behauptung rebellieren: »Ich werde gnädig sein, dem ich gnädig sein will«, aber es wäre ja die ungerechteste Sache, die Gott tun könnte, wenn die ewige Errettung des Menschen von seinen guten Werken abhinge. Wenn Gott sein Volk aufgrund eines Verdienstes auswählt, hieße dies, daß die weitaus meisten ausgeschlossen würden. Sie wären benachteiligt, entweder durch familiäre Zugehörigkeit zu einem anderen Volk, durch eine unglückliche Disposition, eine untergeordnete soziale Position, durch mangelnde Erziehung oder fehlendes Training. Ein weiterer negativer Aspekt der Werkgerechtigkeit wäre, daß die Gerechten auf ihre Leistung stolz wären, und sich jene erhaben fühlten, die nicht ganz so gut abschneiden. Wenn Gott sich solch einen Erlösungsplan ausgedacht hätte, könnte er tatsächlich beschuldigt werden, menschlichen Stolz zu fördern. Stolz ist die Kardinalsünde, von der alle andern abstammen.

2. Gott erwählt, aber die Wahl drückt immer Gerechtigkeit und Liebe aus: 9, 19—33

Es stimmt, daß der Töpfer aus dem Ton machen kann, was er will; aber was er machen will, ist dies: Jene, die trotz der langmütigen Geduld in ihrem Widerstand verharren, sollen schließlich bekommen, was ihre Unabhängigkeit verdient: Trennung von Gott. Auf der anderen Seite sollen jene, die freiwillig ihr Abhängigsein von ihm erklären und seine Vorsorge annehmen, Gegenstand seiner Gnade sein.

Es muß erwähnt werden, daß die Lehre von Kapitel 9 nicht dem, was in Kapitel 3 beschrieben ist, widerspricht. »Alle Welt ist schuldig vor Gott ... aber jetzt ist ohne Zutun des Gesetzes die Gerechtigkeit, die vor Gott gilt, offenbart ... solche Gerechtigkeit vor Gott, die da kommt durch den Glauben an

Jesus Christus zu allen, die da glauben.« Gottes herrliche Erlösung war so geplant, daß niemand in seinem Stolz fordern konnte, von Gott angenommen zu werden, aber daß jeder in seinem Glauben angenommen werden konnte. *Das* ist, was Gott erwählt hat, und Paulus empört sich über die Menschen, die Gottes erwählendes Handeln in Frage stellen.

Gott ist souverän, und Paulus kann es nicht ertragen, daß jeder mit seinem verzerrten Gerechtigkeitssinn darüber urteilen will, ob Gott gerecht sei oder nicht. Wenn das Handeln Gottes mit dem Menschen nicht unserem ethischen Maßstab entspricht, können wir sicher sein, daß uns viele Dinge verborgen sind oder daß unser ethisches Verständnis verkehrt ist. Gottes Vorherwissen deckt sich mit seiner Vorherbestimmung. Die Tatsache, daß er weiß, wie er unseren freien Willen gebrauchen will, heißt nicht, daß er unseren Willen vergewaltigt oder ihn übergeht.

Der Richter der ganzen Erde wird *Recht* üben, und wir können uns viel vergebliche Spekulation und frustrierende Verbitterung ersparen, wenn wir nicht so töricht sind und Gott anklagen.

Paulus schreibt von der Souveränität Gottes, der das Recht hat, gnädig zu sein, wenn er will, um zu zeigen, daß es genau diese prädestinierende Gnade war, die es den Heiden ermöglichte, in Gottes Programm hineingenommen zu werden (Vers 24). Er zitiert etliche Stellen aus dem Alten Testament, von den Propheten, um zu zeigen, daß Gott schon immer das beabsichtigt hatte, und da war immer ein glaubender, gehorsamer Rest. Hier sehen wir wieder, daß Gottes Vorherbestimmung zwangsläufig mit der Antwort des Menschen verkettet ist. Die Wahl Gottes entspricht der Tatsache, daß nicht alle sich seinen Regeln unterwerfen. Paulus zeigt, daß die Welt Gott nicht aus der Hand geglitten ist, aber aufgrund seiner göttlichen Souveränität hat Gott bestimmt, wer sein ist. Und schließlich ist er auch der Herr über die Verlorenen, obschon sie es vorziehen, ihm zu widerstehen. So kommt es, daß Israel mit seiner Gesetzeskenntnis als ungerecht bezeichnet wird. Es beachtete nicht die göttliche Bedingung für die Gerechtigkeit des Menschen, die nur durch Glauben gewährt wird.

Israel stolperte über den Felsen, den Gott in seinen Weg gelegt hatte. Er hätte der herrlichste Grundstein sein können, aber als die Juden versuchten, ihn zu ignorieren, wurde er zum Stolperstein. Die fast schockierende Erklärung, daß Gott gerecht sprechen kann, »wen er will«, mündet in die einzigartige Zuversicht, die jedem zugänglich ist, denn: »Wer immer auf ihn vertraut, wird nicht beschämt.« Christus ist der Stein des Anstoßes nach Jesaja 8, 14. Der treue Rest unter Juden und Heiden, der Gott von jeher bekannt war, sind jene Menschen, die nicht über Gottes Stein stolperten, sondern ihn zum Grund ihrer Hoffnung machten. Jesaja beschreibt ihn in 8, 14 als »Stein des Anstoßes«, aber in 28, 16 erscheint dieser Stein in einem anderen Licht, wenn es heißt: »Ich lege in Zion einen Grundstein, einen bewährten Stein, einen herrlichen Eckstein, einen sicheren Grund, und wer an ihn glaubt, wird nicht beschämt.« Jesaja sah einen Stein voraus, der quer über den Weg eines jeden Menschen gelegt würde. Man kann über ihn hinwegsteigen und in sein Verderben laufen oder auf ihn bauen und wissen, daß er eine Schutzvorrichtung gegen jede Art tödlicher Überraschung ist. Der Mensch ist deshalb nicht weniger verantwortlich, weil Gott die Wahl, die der Mensch treffen wird, schon im voraus weiß.

Die wesentlichen Wahrheiten in Kapitel 9:

1. Gott ist souverän und hat beschlossen, Errettung für alle zu ermöglichen, die glauben. Er ist im Recht, wenn er entscheidet, welche Rolle der Mensch in der irdischen Geschichte und im Plan der Erlösung spielen wird.

2. Es ist äußerst unklug, wenn jemand auch nur andeutet, daß sein Gerechtigkeitsgefühl Gott überlegen ist.

3. Die Heiden sollten besonders dankbar sein für die prädestinierende Gnade Gottes, die sie einbezieht.

4. Was immer Gott über unser Leben und unsere Entscheidungen wissen mag, so sind wir doch für unsere Antwort verantwortlich und müssen die Ermahnung ernstnehmen: »Laßt euch versöhnen mit Gott « (2. Kor. 5, 20).

10. Kapitel

Israel hat Gottes Geschenk der Gerechtigkeit in Christus willentlich ignoriert. Gott sandte Botschafter, und einige Heiden hörten zu; aber die meisten Juden verharrten in der Haltung, die sie schon zur Zeit des Jesaja eingenommen hatten

Israels Eifern um die Gerechtigkeit ist gewiß lobenswert, auch wenn es fehlgeleitet ist. Sie haben die Bedeutung nicht erkannt, die Gott seinem Christus zugedacht hat, und haben es vorgezogen, nach ihrer eigenen Vorstellung zu leben. Und indem sie das tun, haben sie sich selbst für das Geschenk Gottes disqualifiziert. Gerechtigkeit ist nicht eine vereinte Anstrengung. Das Traurige dabei ist, daß Gott von Anfang an beabsichtigt hat, die Forderungen des Gesetzes durch das makellose Leben seines Sohnes zu erfüllen, indem Gott in diesem Sinne ihn zum Ende des Gesetzes machte. Allein die Gläubigen haben an dieser Erfüllung Gottes gerechter Forderungen teil durch die Einheit mit Christus im Glauben. Die erste Absicht des Gesetzes war, den Juden zu zeigen, daß sie einen Messias brauchen.

1. Die spezielle Anweisung, die Paulus einem jüdischen Bruder gibt, der jetzt an der vollkommenen Gerechtsprechung interessiert ist: 10, 6—10

Moses sagte: »Wer das ganze Gesetz hält, wird leben (10, 5). Paulus erinnert seine Brüder in Rom und weist sie auf den Gegensatz zur Verkündigung des Evangeliums hin: »Ihr braucht euch nicht für eure Erlösung abzustrampeln; sie ist sofort zugänglich für solche, die vorbereitet sind, die gute Nachricht zu empfangen.« Der Erlöser muß nicht erst noch vom Himmel gebracht werden! Er ist schon nach Bethlehem gekommen, und der Tod konnte ihn nicht überwinden, wie er am Ostermorgen bewiesen hat. Gottes lebendiges Wort ist überall durch das Amt des Heiligen Geistes gegenwärtig und wird die Bedingungen für die Erlösung jedem ernsten Sucher klar machen.

In der Hoffnung, daß ein ernsthafter Jude an diesem Punkt die vollkommene Gerechtigkeit anzunehmen wünscht, gibt Paulus genaue Auskunft über die Bedingungen der Erlösung.

Die erste Bedingung ist eine Sache der Herrschaft: »Wenn du mit deinem Munde bekennst, daß Jesus der Herr ist.« Das erinnert an die Worte Jesu: »Niemand kann zwei Herren dienen.« Hier liegt tatsächlich der wesentliche Punkt der Buße, weil jeder, der sich Jesus als Herrn ausliefert, seinem egozentrischen Leben den Rücken gekehrt hat. Christus möchte, daß wir eine Entscheidung treffen, im Blick darauf, welchen Platz er in unserem Leben einnehmen soll. Und er fordert unmißverständlich den ersten Platz. Wir müssen den Preis überschlagen. Aber wir werden nicht aufgefordert, herauszufinden, wie wir all das zustande bringen können, was er verlangt. Wenn wir warten, ihn als Herrn anzuerkennen, bis wir uns in der Lage fühlen, all seine Befehle auszuführen, werden wir es niemals schaffen. Es ist eine Angelegenheit des Glaubens, ihm für all das, was wir in Zukunft nötig haben mögen, schlicht zu vertrauen. Indem wir uns seines Herrseins bewußt sind, erklären wir unsere Bereitschaft, in vollkommener Abhängigkeit von ihm zu leben, und erkennen sein Recht an, unser Leben nach seinem liebenden Willen zu leiten. Diese Entscheidung ist als eine unwiderrufliche Übergabe unser Selbst an den Herrn zu treffen.

Die zweite Bedingung, die Paulus im Blick auf unsere persönliche Erlösung stellt, ist in Vers 9 beschrieben, nämlich ein Herzensglaube an die Gottheit Jesu Christi. Schon zu jener frühen Zeit ist es sichtbar geworden, daß es zwei Arten von Glauben gibt: den Kopf- und den Herzensglauben. Der Kopfglaube mag von den historischen Tatsachen überzeugt sein, die von dem Leben Jesu berichtet werden, so wie man an die Existenz irgendeiner anderen geschichtlichen Gestalt glauben mag, aber Paulus sieht das Herz als Repräsentant an für die ganze Person. Dieses Wort war allem Anschein nach zu seiner Zeit ebenso geläufig wie heute. »Willst du dein Herz mir schenken?« ist eine Frage an die ganze Person. Ein eifriger Geschäftsmann ist einer, der mit seinem »Herzen bei der Sache ist«. Dies ist auch die einzige Art von Glauben, die Gott anerkennt, und ist nicht vom Gefühl abhängig, obschon es normal ist für einen Menschen, bei solch einer totalen Hingabe Gefühle zu haben.

Eine andere wichtige Bedingung zur Erlösung, die Paulus nennt, ist die Forderung, an die Auferstehung Jesu von Herzen zu glauben. Die frühe Kirche sah in der Auferstehung den überwältigenden Beweis dafür, daß Jesus der von Gott verheißene Messias war. Der Höhepunkt in der Pfingstpredigt des Petrus war: »Diesen Jesus hat Gott auferweckt, dessen sind wir alle

Zeugen« (Apg. 2, 32) oder »Gott hat diese Verheißung an unseren Kindern erfüllt, indem er Jesus auferweckt hat« (Apg. 13, 33). Jeder, der von Herzen glaubt, daß Jesus von den Toten auferstanden ist, ist ein Glaubender im Sinn des Neuen Testamentes. Wo ein Mensch sich in unverfälschter Reue der Herrschaft Christi unterstellt, dem wird garantiert sofort Erlösung zuteil durch das Geschenk der Gnade Gottes. Er ist gerecht gesprochen und damit berechtigt, an dem Leben eines heiligen Gottes teilzuhaben.

2. Nach Gottes Plan erhält jeder die gleiche Chance, zu seiner Familie zu gehören, aber das schließt auch die gleiche Verantwortung mit ein: 10, 11—21

Wie Jesus in Johannes 3, 16, so gebraucht auch Paulus hier die Formulierung »Wer auch immer«. Er besteht darauf, daß es keinen Unterschied gibt zwischen Juden und Griechen. In der Neuen Amerik. Standard Übersetzung finden wir eine ausgezeichnete Wiedergabe von Vers 12: »Derselbe Herr ist Herr *aller,* überfließend an Reichtum für *alle,* die sich auf ihn berufen.« Die eigentliche Bedeutung mag nicht von jedem erkannt werden. Israel war ja niemals im Sinne der Erlösung unter dem Gesetz, wie auch niemand ermutigt wurde zu glauben, daß das Gesetz ihn retten könne. Das Gesetz war als Lebensregel für ein erlöstes Volk gegeben. Israel stand schon im alten Bund unter der gnädigen Vorsorge des Blutes. Das heißt nicht, daß alle darauf vertrauten. Aber die Nation erwartete einen Erlöser. Und in der Zwischenzeit sollten sie das Gesetz halten; dies war eine Regelung, die ihnen auferlegt war, bis der Erlöser kam.

Paulus schreibt im 9. Kapitel, Vers 32, daß der Fehler Israels darin bestand, daß sie nicht Gerechtigkeit durch Glauben suchten. Sie hätten sie haben können, denn Abraham vertraute Gott hinsichtlich seiner Gerechtigkeit (4, 3). David und jene seiner Generation, die gerettet waren, wurden aus Gnaden durch den Glauben gerecht gesprochen. Der Fehler der Juden bestand nicht darin, daß sie versuchten, dem Gesetz gemäß zu leben, sondern ihr Fehler lag darin, daß sie nach etwas suchten, was Gott verboten hatte: Selbstgerechtigkeit. Der glaubende Rest in Israel hat nicht Christus abgelehnt. Abraham, Isaak, Jakob, Josef, Samuel, David, Jesaja, Jeremia und Hesekiel stolperten nicht über den Stein des Anstoßes. Sie erreichten Gerechtigkeit durch

Glauben wie jeder andere demütige Jude, darunter die 7 000 zur Zeit des Elias, die ihre Knie nicht vor Baal gebeugt hatten. Moses predigte Gerechtigkeit aus Gnade durch den Glauben in 5. Mose 30, 11—20, wo er mit Israel darum ringt, Gott von ganzem Herzen zu lieben. Die Absicht des Gesetzes war, den Menschen davon zu überzeugen, daß Christus die Gerechtigkeit eines jeden Gläubigen ist.

Die Juden können niemals sagen, daß sie benachteiligt sind. Paulus zitiert in Vers 13 Joel, um zu zeigen, daß jeder, der ruft, gerettet wird. Dann behauptet er, daß Gott unentwegt Boten gesandt hat, um die gute Nachricht zu verbreiten, damit alle, die daran interessiert sind, sie hören können, ihr glauben und der Einladung Gottes folgen, indem sie seinen Namen anrufen. Das Zitat aus Jes. 52, 7, wo von der Schönheit der Füße derer gesprochen wird, die die gute Nachricht bringen, ist seine Versicherung gegenüber den Juden, daß es in ihrer Geschichte immer Menschen gegeben hat, die ihre Gerechtigkeit von Gott durch Glauben empfingen. Und unsere modernen Heiden heute sollten sich hüten, sich aus der Verantwortung zu schleichen, indem sie behaupten, es habe nie solch ein Zeugnis gegeben. Paulus zitiert einen Psalm, um darauf hinzuweisen, daß »ihre Stimme in alle Welt hinausgegangen« ist (Psalm 19, 4). Das Beweismaterial gegen die ungläubigen Juden gelangt zu dem Schluß: Sie haben die Wahrheit Gottes über Gerechtigkeit abgelehnt. Die Tatsache, daß es glaubende Heiden gibt, ist eine niederschmetternde Anklage des Volkes, das Propheten hervorgebracht hat und dem das Gesetz gegeben war. Die Absicht des Paulus in diesem Teil des Römerbriefes ist, die Gerechtigkeit seines Gottes zu verteidigen, indem er den Juden zeigt, daß die Versprechungen, die ihnen gegeben waren, nicht zu lösen sind vom Vertrauen auf Gottes Vorsorge. Daß sie sich dieser Vorsorge entzogen, wird deutlich im Schlußzitat dieses 10. Kapitels: »Den ganzen Tag lang habe ich meine Hände zu einem ungehorsamen und halsstarrigen Volk ausgestreckt.« Es wird für dieses Volk schwer sein, Gott der Untreue anzuklagen, nachdem es seiner eigenen gegenübergestellt wurde. Glaube sollte durch Hören kommen; und sie hörten mehr als irgendein anderes Volk dieser Erde.

Die wesentlichen Wahrheiten in Kapitel 10:

1. Rettung kann jedem gewährt werden, der bereut (vom Thron seines Herzens herabsteigt und Jesus den Herrn über sein Leben sein läßt) und der von Herzen glaubt (bewußt die Haltung völliger Abhängigkeit einnimmt), daß Jesus von dem Tod erstanden ist, wodurch er demonstrierte, daß er in Wahrheit der verheißene Messias ist, der Sohn Gottes.

2. Das moralische Gesetz ist niemals als ein Mittel zur Erlösung angeboten. Die Juden hatten neben dem Gesetz ein Opfersystem, das bestätigen sollte, daß ihre gesetzliche Leistung niemals genügte.

3. Das eine, was Gott vom Beginn der menschlichen Geschichte an verurteilt, ist Selbstgerechtigkeit. Jeder, der darauf besteht, muß einen Preis zahlen, von Kain bis zu den Pharisäern.

4. Die große Einfachheit des Evangeliums ist ein Stolperstein für viele. Es läßt keinen Raum für menschliche Genialität, Errungenschaften oder Tüchtigkeit.

11. Kapitel

Ist Israel endgültig verworfen?

1. Gott hat immer seine Leute gehabt: 11, 1—10

Indem Paulus seine Beweisführung darüber fortsetzt, daß die Gerechtigkeit aus Glauben nicht im Gegensatz steht zu der Verheißung, die Gott dem Abraham und seinen Nachkommen gegeben hat, muß er auch etwas über das letzte Schicksal Israels sagen. In Kapitel 9 wird Gott als souverän hervorgehoben, und niemand ist im Recht, wenn er es wagt, die Moral göttlicher Entscheidung anzuzweifeln. Kapitel 10 behauptet, daß die eindeutigen Prinzipien, die von Gott im Alten Testament niedergelegt sind, Israel schließlich für seine Weigerung verantwortlich machen. Und in Kapitel 11 schließt Paulus seine Diskussion über die Beziehung Israels zu Gott ab, indem er sagt, daß es noch eine Zukunft für Israel gibt, aber die Wiederherstellung kann nur kommen, wenn Israel anfängt, an Jesus als seinen Messias zu glauben. Paulus ist ganz zuversichtlich, daß sich Nachkommen Abrahams in großer Zahl Gott zuwenden werden.

Trotz Israels Eigensinn hat es immer solche gegeben, die entweder dem Licht, das sie hatten, treu geblieben waren, oder andere, die bereit waren, sich in dem Augenblick von ihrer Unabhängigkeit abzuwenden, wenn sie sich Gott gegenübergestellt sahen. Als Beispiel nennt Paulus sich selbst, der als Jude dazu bereit war. Diese Minderheit Gleichgesinnter kann als gläubiger Rest bezeichnet werden. Auch in der dunkelsten Zeit der Geschichte Israels, als die Königin Isabel versuchte, die Anbetung Gottes aus Israel auszumerzen, teilte Gott heimlich und freundlich dem Elia mit: »Ich habe noch 7000, die sich geweigert haben, Baal anzubeten« (Vers 4).

So hat Gott noch seine Leute, schreibt Paulus, und ihre Existenz beweist, daß Gott sich von seinem Plan nicht abbringen läßt. Von Anfang an ist es Gottes Plan gewesen, allen Menschen die göttliche Kindschaft zu ermöglichen. Mit diesem Gedanken müssen die Juden sich zunächst vertraut machen. Aber das Zentralproblem der Juden war, daß Gerechtigkeit durch Glauben empfangen werden soll. Dies steht im Gegensatz zu ihrem Konzept der Gerechtigkeit, die durch das Gesetz kommt.

Eine andere wichtige Wahrheit für die Juden war, daß wir durch seine gnädige Wahl zu Kindern Gottes gemacht werden. Wie kann das mit der Achtung vor dem Gesetz in Einklang gebracht werden? Paulus zeigt in Vers 5, daß Gott tatsächlich gewisse Menschen dazu bestimmt, seine Kinder zu sein; aber diese Auswahl ist eng mit seinem Ruf verknüpft. Und er ruft den, der bereut, wer es auch sein mag. Es klingt hart in Vers 8, wenn es heißt: »Gott gab ihnen (den Juden) einen Geist der Erstarrung (Betäubung)«, aber aus dem Zusammenhang des Briefes wird deutlich, daß sie äußerst ungehorsam waren und Gottes Vorsorge ablehnten. Gott hat bestimmt, daß bewußte Unabhängigkeit in Erstarrung ausmündet, und in dieser Weise gab er ihnen »den Geist der Erstarrung«.

2. Erwählte haben keine Entschuldigung für Selbstgefälligkeit und falsche Sicherheit: 11, 11—25

Gottes letztes Ziel ist nicht, daß Juden verlorengehen. Es ist wahr, daß ihre große Nation zugrunde gerichtet war, und ihre Identität als Volk war beinahe ausgelöscht, aber die Geschichte war noch nicht bis zum Schluß geschrieben. Ein herrliches Nebenprodukt ihrer Weigerung war, daß die Heiden sich ihrer Einbeziehung bewußt wurden. Als Paulus die unveränderliche Haltung der Juden sah, wandte er sich an die Heiden. Siehe Apg. 28, 26—28. Aber es ist noch eine interessante Spekulation, darüber nachzudenken, was die Wiederherstellung der Juden für die Welt bedeuten mag, nachdem ihre Verwerfung weltumspannenden Segen gebracht hat (Vers 12).

Die Hoffnung war, daß die Juden erkennen würden, was sie entbehren, wenn sie den Segen sehen, der auf die Heiden durch den Messias ausgegossen ist. Was Paulus in Vers 15 sagen will, ist ein wenig unklar: »Wenn das erste Stück des Teigs heilig ist, ist es auch die übrige Masse; und wenn die Wurzel heilig ist, so sind es auch die Zweige.« Der Hefeteig und der Olivenbaum illustrieren, daß oft der geringe oder unsichtbare Teil die Natur des Ganzen bestimmt. Reiche Wurzeln zeugen vom Leben des Baumes. Paulus sieht die Juden als »Gottes auserwähltes Volk« und vergleicht sie mit dem gepflanzten Baum.

Er warnt die Heiden, nicht arrogant zu sein. Sie sind ja nichts anderes als wilde Zweige, die in den Baum eingepfropft sind. Sie können nur existieren, weil die Wurzeln schon lange zuvor gepflanzt waren. Paulus fürchtet offensichtlich, daß die Heiden denselben Fehler machen könnten wie die Juden, indem auch sie unabhängig zu leben versuchen, weil sie wissen, daß Gott sie aufgenommen hat. Durch den Unglauben wurden die eigentlichen Zweige abgehauen. Das aber sollte den Heiden als Warnung dienen, weder unabhängig zu leben, noch sich über die Juden zu erheben.

In Vers 22 werden wir aufgefordert, die Freundlichkeit und den Ernst Gottes zu bedenken, und der Gedanke hier ist, daß seine Freundlichkeit seinen Ernst nicht ausschließt. Weil Gott gerecht ist, muß er immer seinen Prinzipien gemäß handeln und muß denen gegenüber hart bleiben, die in ihrer Eigenständigkeit seine Prinzipien mißachten. Es ist wichtig, sich bewußt zu machen, daß es hier keinen Hinweis auf eine individuelle Erlösung gibt.

»Jene, die fallen«, sind allem Anschein nach Juden, die nie erneuert waren. Paulus sagt den Heiden, daß sie Gottes Zusage kennen werden, fügt aber hinzu, daß sie sich nur dann darauf berufen können, wenn sie in ihm bleiben, denn es heißt: »... andernfalls wirst auch du abgehauen werden.« Er spricht die Heiden als Ganzes an. Er sagt: »Es passierte den Juden, und es kann auch dir geschehen, wenn du dem Prinzip der Gerechtigkeit aus Glauben untreu wirst.«

In Vers 23 kommt die Zuversicht des Paulus zum Ausdruck, daß Gott fähig ist, die Juden wieder in den Baum einzupflanzen, wenn sie ihren Unglauben ausliefern. Dies macht eines sehr klar: Was immer Paulus über den prädestinierenden Ruf Gottes lehrt, schaltet niemals den menschlichen Willen aus. Er zeichnet vielmehr Gott als den, der unmittelbar auf die Änderung des menschlichen Herzens antwortet. Alle von uns, Juden wie Heiden, fangen von Natur aus als abgeschnittene Zweige an. Wenn aber Gott einen wilden Zweig einpfropfen kann, wird es ihm auch nicht schwerfallen, die Zweige wieder einzufügen, die vom guten Baum abgeschnitten waren.

3. Gottes gnädige Absicht mit allen Menschen und seine unbeschreibliche Weisheit wird durch seine Fähigkeit bewiesen, daß die Heiden durch die Zurückweisung der Juden erreicht werden, und noch immer hat Gott in seinem Plan Raum für die Juden: 11, 25—32

Paulus nennt die augenblickliche Haltung der Juden eine »teilweise Verhärtung«, die nur solange besteht, bis die »Vollzahl der Heiden« zustande gekommen ist. Die Schaffung des modernen Staates Israel macht klar, daß Gott die Wiederherstellung der Juden als sein Volk plant, auch wenn sie zur Zeit noch in deutlichem Unglauben verharren. In Vers 28 wird uns versichert, daß Gott niemals aufhört, sie zu lieben, denn seine Haltung hat sich seit den Tagen Abrahams nicht verändert. Indem Paulus von den »Gaben und der Berufung Gottes« spricht, die nach Vers 29 unwiderruflich sind, weist er darauf hin, daß es für Gott unmöglich ist, auch nur im Geringsten von dem abzuweichen, was er versprochen hat. Sein liebendes Wesen offenbart sich nicht zuletzt darin, daß er beide, Juden und Heiden, gebraucht, um seinen Willen auszuführen. Und sein Wille ist, so viel wie möglich von allen Nationen der Menschheit zu retten. Sein Wunsch, allen Gnade zu zeigen, steht außer Frage. Selbst der Ungehorsam des Menschen kann diesen Wunsch nicht durchkreuzen, wohl aber der entschiedene Widerstand des einzelnen. Paulus behauptet, daß wir in allen Umständen unseres Lebens die liebende Absicht Gottes sehen können.

4. Daß Gott für die hoffnungslos verwickelte menschliche Situation völlig ausreicht, muß in dem Herzen eines jeden Menschen, der davon weiß, Lobpreis aufbrechen lassen: 11, 33—36

Paulus erreicht nun den Schluß seiner lehrhaften Ausführung. Der Rest des Römerbriefes ist praktische Anwendung dieses Evangeliums der Gnade. Er hat die Gerechtigkeit und Gnade Gottes in der Zurückweisung der Juden und der Wahl der Heiden nachgewiesen. Er hat gezeigt, wie selbst Unglaube und Sünde dem Guten dienen müssen. Wer hätte es erträumen können, daß Gott sogar den Ungehorsam des Menschen als ein Mittel gebraucht, vollkommene Erlösung für jeden, der glaubt, zu ermöglichen. Wenn Paulus fragt: »Wer hat den Sinn Gottes erkannt?«, erinnert er daran, daß der ewige Ratschluß Gottes unweigerlich über unser Verstehen gehen muß. Und er ist beides, weise und gut. Wenn Paulus fragt: »Wer hat ihm etwas zuerst gegeben, daß er ihm zurückerstatten müsse«, behauptet er, daß die einzig korrekte Lehre Gott auf die gebende Seite stellt und den Menschen auf die empfangende. Wenn Gott es notwendig findet, eine seiner erschaffenden Kreaturen zu verurteilen, welche Person könnte es wagen, sein Gericht in Frage zu stellen? Welches Gerechtigkeitsgefühl könnte sein Gutsein anfechten?

Die unvergleichbare Fähigkeit des Paulus, Theologie mit preisender Anbetung zu verbinden, wird in dieser abschließenden Lehrabhandlung sichtbar. Er sucht offensichtlich nach angemessenen Worten, um den Gott zu beschreiben, dem er dient, und findet nichts Besseres als zu sagen, daß alle Dinge in ihm ihren Ursprung haben. Er ist die Voraussetzung, durch die alle Dinge existieren; doch die Erfüllung unserer Existenz als irdische Kreatur wird erst kommen, wenn wir zur vollkommenen Übereinstimmung mit ihm zurückgekehrt sind, befreit sogar von der Gegenwart der Sünde. Paulus spürt, daß er Grund hat, in seinem Gott zu frohlocken, der seinen Willen bis aufs kleinste erfüllen kann, trotz der scheinbar so unlösbar verwickelten menschlichen Situation. Die Rebellion der Heiden, der Stolz der Juden, das unerbittliche Gesetz und die Schwachheit menschlichen Vorsatzes, all das konnte Gottes Absicht, eine vollkommene Erlösung für »jeden, der will« vorzubereiten, nicht durchkreuzen. Paulus kann nicht aufhören, Gott zu preisen, wie es in all seinen Briefen bezeugt ist, selbst im 2. Timotheusbrief, der kurz vor seinem Tod geschrieben wurde. Wenn wir aufgehört haben, Gott zu loben, so kann das nur bedeuten, daß wir das Ausmaß unserer Erlösung nicht begreifen.

Die wesentlichen Wahrheiten in Kapitel 11:

1. Seien Sie sicher, daß Gott immer seine Leute gehabt hat und immer haben wird. Selbst heute sind es mehr, als wir erträumen, und der gewaltige Irrtum der Juden konnte Gottes Absicht nicht ändern im Blick auf die Welt.

2. Die törichtste Haltung, die ein Mensch einnehmen kann, ist Stolz und Überheblichkeit darüber, daß Gott ihn in seinen Plan einbezogen hat.

3. Die Juden haben eine bestimmte Rolle in der Zukunft der Welt zu spielen und können als Gottes Chronometer angesehen werden.

4. Nachdem versucht wurde, zu zeigen, wie Gott es fertig gebracht hat, seine liebende Absicht durchzusetzen — trotz allem, was ein Mensch und der Böse sich ausdenken mochten, um sie zu durchkreuzen —, stimmen wir mit ein in den Lobpreis Gottes. Jede Form der Lehre von Gott muß durchdrungen sein vom Lob.

12. Kapitel

Was können wir von den gerechtfertigten Menschen erwarten?

Paulus schließt auch in diesem Brief seine Erläuterung über den christlichen Glauben mit einem sehr praktischen Hinweis. Es geht darum, wie sich das neue Verhältnis zu Gott im Alltag auswirkt. Wenn ich göttliches Leben empfangen habe, so muß dies äußerlich zum Ausdruck gebracht werden. Nach Ansicht des Paulus können wir von einem Menschen, der die »Gnade Gottes« in seinem eigenen Leben erfahren hat, entsprechendes Handeln erwarten. Ohne Zweifel hat die Überzeugung eines Christen außerordentlich praktische Auswirkungen.

1. Wenn wir durch das Evangelium anfangen, richtig einzuschätzen, wie Gott ist, werden wir sehen, wie wichtig es ist, für ihn brauchbar zu sein: 12, 1—3

Paulus fordert die Christen auf, ihre Leiber als lebendiges Opfer Gott darzubringen. Dies ist nur möglich, wenn die Seele richtig beeinflußt worden ist. Ein erneuter Mensch hat zu wählen, ob das Fleisch oder der Geist auf dem Thron seiner Seele sitzen soll. Die Seele ist neutral und besteht aus dem Intellekt, dem Willen und den Gefühlen, aber was durch diese seelischen Kapazitäten hervorgebracht wird, wird bestimmt von dem König, der sie regiert. Wenn das Fleisch regiert, wird das Ergebnis in Werken des Fleisches bestehen, wie sie in Gal. 5 aufgezählt sind. Wenn der Geist regiert, muß das Ergebnis die Frucht des Geistes sein, wie sie ebenfalls in Galater 5 beschrieben ist.

Aber Paulus hat die Bedeutung des Leibes erkannt. Die Seele ist unfähig, ihre vorgeschriebene Richtung ohne ein Instrument anzusteuern. Der menschliche Körper ist der erstaunlichste Mechanismus auf Erden mit sagenhaften Fähigkeiten, und Paulus möchte nichts lieber, als daß dieser Leib ein Instrument der Gerechtigkeit wird (s. 6, 13—19).

Übrigens, den Gedanken, daß der Leib — also das Instrument, durch das die Seele sich selbst ausdrückt — heilig ist, finden wir allein im Christentum. Keine andere Religion vertritt dieselbe Auffassung. Wenn Paulus in Vers 1 schreibt, daß Gott diese unsere Auslieferung an ihn »wohlgefällig« ist, so betont er die Tatsache, daß dies alles ist, was Gott von uns erwartet. Nur aufgrund des erlösenden Werkes Christi sind wir »wohlgefällig« oder können wir von Gott in seinem Werk gebraucht werden. Er bittet uns niemals, für ihn zu arbeiten, aber er ist äußerst daran interessiert, daß wir wie Christus sagen: »Meine Nahrung ist, daß ich den Willen dessen tue, der mich sendet und *sein Werk* vollende« Johannes 4, 3.

Ein Leben, das Gottes Werken geweiht ist und ihm zur Verfügung steht, wo immer er es gebrauchen will, solch ein Leben kann als vernünftiger Gottesdienst bezeichnet werden; hier begegnen wir einer »klugen Anbetung«. Das griechische Wort könnte besser übersetzt werden mit »logisch«. Jeder, der begreift, daß diese Hingabe das Fundament im Christentum ist, sollte nun auch — logischerweise — bewußt in dieser hingegebenen Haltung leben und völlig Gott zur Verfügung stehen: Denn das ist der Gottesdienst, den Gott am meisten sucht. Jede andere Form des Gottesdienstes kann nur eine Karikatur von dem eigentlichen sein. Mit unserer Logik erkennen wir, daß Gott an unserer Brauchbarkeit interessiert ist. Samuel ahnte, daß im Neuen Bund der Gehorsam eine besondere Stellung im Gottesdienst einnehmen würde, denn er schrieb: »Gehorsam ist besser als Opfer« 1. Sam. 15, 22.

Der Christ ist seinem neuen Meister hingegeben und wird darum eine neue Haltung einnehmen. Er wird sich nicht der Welt anpassen und Erfüllung in der Eigenständigkeit suchen, vielmehr wird selbst seine Denkart umgestaltet, so daß er ständig alles im Leben auf Gott bezieht. Ein erneuerter Geist denkt von einem anderen Standpunkt her. In Eph. 4, 23 nennt Paulus dieses verwandelte Denken »erneuert sein im Geist« und fährt fort: »Zieht den neuen Menschen an, der nach Gott geschaffen ist in wahrhaftiger Gerechtigkeit und Heiligkeit.«

Die neue Natur, die im Glauben empfangen wird, ist ein Geschenk des Heiligen Geistes, der jetzt in dem glaubenden Herzen wohnt. Der Heilige Geist bezeugt die Gegenwart Christi in uns, indem er sich bemüht, das göttliche Leben in uns hervorzubringen. Es ist Christus, der das Leben eines Christen lebt. Er kann das nicht ohne unsere Zustimmung tun, und dies, natürlich, setzt einen erneuerten Sinn voraus. Wenn wir unseren Willen darin üben, mit Gott zu rechnen, wenn wir von ihm erwarten, daß Er genügt, und solch eine erwartungsvolle Haltung einnehmen, werden wir in das Bild unseres Herrn umgestaltet. Ein erneuerter Sinn ist sich der Möglichkeiten Christi bewußt und macht sie sich beharrlich zu eigen. Dies steht im völligen Gegensatz zu einem Sinn, der so lebt, als sei da kein Gott, was reine Weltlichkeit ist. Es ist klar, daß wir diese Haltung nicht einnehmen können. Als Christen leben wir nur, wenn wir verwandelt sind.

Das Ergebnis dieser Sinneserneuerung ist, daß wir den Willen Gottes für unser tägliches Leben wahrnehmen. Paulus führt das in Eph. 5, 8—10 noch weiter aus: »Wandelt als Kinder des Lichts — denn die Frucht des Lichtes besteht in aller Güte und Gerechtigkeit und Wahrheit — indem ihr prüft, was dem Herrn gefällt.« Einen weiteren Hinweis finden wir in Vers 15—17: »So seht nun zu, wie ihr wandelt, nicht als Unweise, sondern als Weise. Kauft die gelegene Zeit aus, denn die Tage sind böse. So seid nicht töricht, sondern versteht, was der Wille des Herrn ist.« Die Zitate zeigen, daß Paulus äußerst interessiert ist daran, daß der Wille Gottes im täglichen Leben geschieht — d. h., daß alle unsere Entscheidungen nach dem Willen Gottes getroffen werden und auch unsere Zeit von ihm gestaltet wird. In den beiden ersten Versen des Kapitels zeigt Paulus, daß wir untrüglich in unseren täglichen Entwicklungen geführt werden, wenn wir nicht länger unter dem Einfluß der Welt stehen, sondern vielmehr unsere Leiber als lebendige Opfer Gott geben und unseren Sinn von ihm umgestalten lassen. Hier wird Führung am dringendsten gebraucht. Wenn wir uns in diesen alltäglichen Entscheidungen führen lassen, werden die großen Entscheidungen von selbst getroffen. Paulus deutet außerdem darauf hin, daß es nur dann schwierig ist, den Willen Gottes zu erkennen, wenn wir uns ihm nicht völlig ausgeliefert haben.

Ein umgestalteter Sinn wird keine Schwierigkeiten haben zu erkennen, was der Herr will. Wer allen Ernstes den Willen Gottes für sein Leben kennenlernen will und bereit ist, zu gehorchen, der wird Gottes Führung erfahren. Dabei sollten wir niemals von einem ungewöhnlichen Weg zurückschrecken, denn die Originalität ist das Zeichen von Gottes Handeln. Wenn wir uns nur auf traditionelle Weise führen lassen wollen, könnte es sein, daß wir vergebens warten. Er wird uns niemals im alten Trott lassen. Paulus war in seinem Konzept über Führung zweifellos von David beeinflußt, etwa durch Ps. 37, 3—5: »Vertraue dem Herrn und tue Gutes, wohne in dem Land und übe Treue. Habe deine Lust am Herrn, und er wird dir geben, was dein Herz wünscht. Befiehl dem Herrn deine Wege und traue auf ihn, so wird er handeln.« Unter diesen Bedingungen ist kein großer Bedarf an spezieller Führung.

In Vers 3 gibt Paulus weitere Hinweise über den erneuerten Sinn. Er wird niemals einem Gläubigen erlauben, eine übertriebene Meinung von sich selbst zu haben. Dies wird in Vers 16 weiter ausgeführt, wo es heißt: »Seid eines Sinnes untereinander, seid nicht überheblich in eurem Herzen, sondern haltet euch zu den Niedrigen. Haltet euch nicht selbst für klug.« Die Ermahnung »gesund zu urteilen« legt nahe, daß es Gottes Wille für sein Volk ist, die eigenen Gaben richtig einzuschätzen. Solch rechtes Beurteilen basiert auf dem »Maß des Glaubens«, das Gott jedem Gläubigen ausgeteilt hat.

Durch den Glauben empfangen wir aus seiner Fülle all das, was wir uns anzueignen vermögen. So zeigt das Maß des Glaubens mit Sicherheit beides an: unseren wirklichen Charakter vor Gott und unser Verhältnis zu anderen Gläubigen. Gerade darin werden wir an unsere Abhängigkeit von Gott erinnert, der »einem jeden sein Maß an Glauben« zuteilt. Es ist unsinnig, sich zu irgendeinem Glaubensgrad hinaufzusteigern, den uns Gott nicht zugemessen hat. Der umgestaltete Sinn ist sich seiner völligen Abhängigkeit bewußt und wird in nüchterner, realistischer, demütiger Weise seine eigene Bedeutung einschätzen.

2. Was ein umgestaltetes Leben vollbringen wird, hängt von den von Gott geschenkten Gaben und Fähigkeiten ab: 12, 4—8

Nachdem Paulus den erneuerten Sinn beschrieben hat, der durch das bewußte Sichaneignen der Gaben Gottes zustande kommt, und kurz die Zuteilung des Glaubens erwähnt, erklärt er, was das Maß an Glauben für das Amt und den Dienst des Gläubigen bedeutet. Gott gestaltet ein Leben um, damit er es gebrauchen kann, und stellt die notwendigen Werkzeuge oder Gaben für dieses Werk zur Verfügung. Paulus gebraucht hier die vertraute Illustration des menschlichen Körpers, um die Verschiedenheit der Gaben zu demonstrieren. Jedes Glied leistet seinen einzigartigen Beitrag und ergänzt so die anderen Glieder. Er sagt, wir haben »Gaben, die sich nach der Gnade, die uns gegeben ist, unterscheiden«. Er erinnert die Glieder des Leibes daran, daß solche Gaben der normalen Körperfunktion dienen. Sie sind von Gott und können seine Absicht nur erfüllen, wenn sie unter seiner Leitung betätigt werden. Paulus möchte, daß jeder menschliche Stolz im Dienst schon im Keim erstickt wird, und erinnert daran, daß geistliche Gaben nur nützlich sind, wenn das Glied des Leibes seine totale Abhängigkeit anerkennt.

Die Frage taucht auf, was geistliche Gaben für unsere Zeit bedeuten. Wir können sie hier nicht diskutieren. Lediglich einige Gedanken zu diesem Abschnitt sollen folgen.

In den Aufzählungen der Gaben im Korinther- und Epheserbrief (1. Kor. 12, 8—10; 28 und Eph. 4, 12) sind mindestens 21 verschiedene Gaben erwähnt. Hier im Brief an die Römer werden Gaben genannt, die in den anderen Aufzählungen nicht enthalten sind. Da diese Aufzählungen sämtlich von einem Autor — nämlich Paulus — stammen, ist es interessant zu sehen, daß er sich nicht auf eine Gabenfolge beschränkt. Manchmal mischte er die Gaben des Dienstes (Apostel, Propheten) mit sogenannten »Zeichengaben« (Wunder, Zungen). Im Römerbrief zählt er sogar das Ausüben der Barmherzigkeit und die Fähigkeit, Geld zum Unterhalt des Dienstes zu geben, zu den sogenannten Gnadengaben. Wir können also daraus schließen, daß es noch mehr Gaben gibt, die er nicht erwähnt hat, und das läßt uns erkennen, daß Gott eine große Vielfalt von Fähigkeiten an seine Kinder austeilt, so daß jeder einen Beitrag zu dem Leben und Dienst der Kirche beitragen kann. Wenn das so ist, dann ist die Gemeinde heute ungeheuer arm, wenn diese dienenden Fähigkeiten nicht mehr eingesetzt werden. Es gibt keine eindeutige Erklärung in der Schrift, daß diese Gaben zu irgendeinem Zeitpunkt aufhören (der oft zitierte »Beweis« ihres Aufhörens ist auf fragwürdiger Exegese begründet). Das würde aber bedeuten, daß da noch eine legitime Notwendigkeit für diese Gaben innerhalb der Kirche Christi besteht. Und wie verzweifelt brauchen wir begabte Prediger, Lehrer, Evangelisten, Verwalter ... und Helfer in finanziellen Angelegenheiten!

Durch die Kirche zu Korinth haben wir den traurigen Beweis, daß mit der Ausübung der Gaben gewisse Gefahren verbunden sind. Wir hätten tatsächlich sehr wenig Instruktionen über ihren Gebrauch, wenn die Kirche von Korinth nicht ihre Privilegien mißbraucht hätte. Wir können daraus lernen, daß eine Überbegeisterung für Gaben möglich ist, und müssen auf der Hut sein, wenn die Kirche die Gaben in den Mittelpunkt ihres Interesses stellt. Der richtige Gebrauch der Gaben muß immer von einem hohen Maß geistlicher Reife begleitet werden, andererseits führen sie unweigerlich zu Auswüchsen und Verwirrungen.

Dies mag der Grund dafür sein, daß einige christliche Gruppen durch die Ausübung der Gaben verwüstet worden sind, und darum sollte eine Gemeinde gut abwägen, ob das geistliche Gleichgewicht stark genug ist, um ein öffentliches Praktizieren der charismata zu verkraften. Die Gefahr ist wesentlich geringer, wenn die Gaben privat gebraucht werden. Aber auch hier muß der Gläubige sich prüfen, ob er nicht stärker an der Gabe hängt, als an dem Geber. Alles, was Christus aus dem Zentrum des christlichen Lebens verdrängt, ist lebensgefährlich. Es ist immer richtig, Christus zu betonen, aber niemals gut, irgendeinen bestimmten Aspekt des christlichen Glaubens hervorzuheben. Paulus erinnert unermüdlich die begabten Glieder daran, daß sie zu dem Leibe Christi gehören, und ihre erste Beziehung gilt ihm. Sie sind mit ihm verknüpft, ihm unterworfen, ihm geweiht, sie dienen ihm und verlassen sich auf ihn. Und alles, was mit diesem christozentrischen Denken wetteifert, wirkt zerstörend.

In 1. Kor. 12, 31 gibt Paulus noch eine weitere Instruktion zu diesem Thema. Es ist die Aufforderung, ernsthaft nach den größten Gaben zu streben. Und dann will er uns einen noch herrlicheren Weg zeigen. Das ganze 13. Kapitel ist ein Herausheben der Agape-Liebe. Mögen die einzelnen Gaben noch so groß sein, sie werden niemals die Frucht des Geistes übertreffen, und Liebe ist die schönste unter ihnen. Wer ganz ungezwungen irgendeinen Brief von Paulus liest, wird diese Tatsache unterstrichen finden. Und zweifellos unterstützte Christus ihn in allem, was er über das Leben eines Christen in den Briefen sagte. Ein Beispiel hierfür ist das 12. Kapitel des Römerbriefes. Nachdem Paulus verschiedene interessante Gaben aufgezählt hat, folgt unmittelbar in Vers 9 die Mahnung: »Laßt die Liebe ohne Überheblichkeit sein.« Eine Warnung vor dem, was in Korinth passierte.

3. **Ein umgestaltetes Leben ist aufs beste geeignet, all der Not, den Problemen und Gelegenheiten des täglichen Lebens zu begegnen: 12, 9—21**

In den nächsten 12 Versen finden wir eine der konzentriertesten Beschreibungen der Bibel über das praktische Leben eines Christen. Es sind 20 gesonderte Ermahnungen, die sich auf jeden Lebensbereich beziehen, Auswirkungen, die ein erneuerter Sinn hervorrufen soll. Falls das Verhalten so aussieht, würden Christen die hervorragendsten Menschen der Welt sein. Die Beschreibung schließt mit der dringenden Bitte an Christen, sich selbst nicht zu rächen. So wird es deutlich, daß der erneuerte

Sinn seine Verteidigung Gott überläßt, als Folge des lebendigen Opfers. Die Mahnung Gottes ist kristallklar, nur das Gehorchen mag undurchsichtig sein. Ohne Unterstützung kann der Mensch diesen christlichen Lebensstandard nicht erreichen.

Die wesentlichen Aussagen in Kapitel 12:

1. Ein erneuerter Sinn, der nicht mit dem Denken der Welt übereinstimmt, das durch seine Unabhängigkeit von Gott gekennzeichnet ist, und ein Leib, der völlig dem Dienst Gottes geweiht ist, werden zu jener Anbetung führen, die Gott bei seinen Kreaturen sucht.
Sie sind Grundlage, aber kein Ersatz für gemeinsamen Gottesdienst. Doch ohne sie ist jeder Gottesdienst sinnlos.
2. Der Mensch als Schöpfung Gottes ist eine Dreieinigkeit: Körper, Seele, Geist. Wenn der Mensch geistlich durch Sünde stirbt, ist er gezwungen, die Forderungen des physischen Lebens aus den Fähigkeiten seiner Seele zu bestreiten. Diese kommen in erster Linie aus Verstand, Willen und Gefühl. Aber sie sind kein Ersatz für geistliches Leben. Wenn die erneuerte Person normal ist, hat sie wieder eine geistliche Alternative. Der »vernünftige Gottesdienst«, von dem Paulus in Vers 1 spricht, ist ein Ergebnis der vom Geist beherrschten Seele.
3. Der Wille Gottes wird jedem Menschen offenbart, der seinen Leib als lebendiges Opfer gibt und mit einem verwandelten Sinn denkt. Gott hat unbegrenzte Möglichkeiten, seine Leute zu führen, aber es wird eine ganz natürliche und einfache Sache, wenn das Leben, das der Christ führen will, zu jeder Zeit völlig für Gott zur Verfügung steht.
4. Eine geistliche Gabe ist eine Fähigkeit, durch die wir unter Leitung des Herrn den Gliedern seines Leibes dienen — wie er will. Da sind sehr verschiedene Gaben, und jeder Gläubige hat ohne Zweifel einige besondere Fähigkeiten zu dienen, zu erbauen oder zu evangelisieren.
5. Jeder Brief, den Paulus schrieb, schließt mit Instruktionen, die sich wie jene geistlichen Prinzipien auswirken, die er am Anfang erklärt hat. Wie wir in diesem Kapitel gesehen haben, ist der Römerbrief keine Ausnahme, und anhand dieser sehr praktischen Liste können wir testen, ob wir diese Lehre verstanden haben — oder nicht.

13. Kapitel

Gottes gerechtfertigte Leute kennen und praktizieren eine Unterordnung, die immer die Liebe begleitet

1. Gehorsam der eingesetzten Obrigkeit gegenüber: 13, 1—7

In diesem kürzesten Kapitel des Römerbriefes macht Paulus klar, daß Gott auf seiten der eingesetzten Autorität steht und für einen geordneten Verlauf eintritt, wenn ein Regierungswechsel nötig würde. Es liegt ihm daran, daß Christentum nicht mit gewaltsamen politischen Aktionen gleichgesetzt wird. Kein Verwaltungskörper und kein System ist frei von Fehlern. Und da es keine Garantie dafür gibt, daß ein Regierungswechsel diese Fehler durch eine menschlich ersonnene Lösung behebt, sollten wir im Blick auf irgendeinen Umbruch behutsam sein. Anarchie kann niemals ein Regierungssystem sein, das Gott segnen könnte. Chaos und Zerrüttung resultieren aus dem alttestamentlichen Zustand, wo »jeder tut, was in seinen eigenen Augen recht ist« (Richter 17, 6). Solch ein Bild genügt für Paulus, um eine Anarchie abzulehnen. Unweigerlich kommt die Frage auf: »Aber wenn die Regierung schamlos die grundlegenden menschlichen Rechte verletzt, kann Gott auch dann noch von seinen Leuten Treue gegenüber solch einem System erwarten?« Diese Frage lag für die Christen z. Zt. des Paulus besonders nahe, weil Nero der Herrscher jener Tage war. Er war vermutlich der ungerechteste und grausamste Diktator, der je dem römischen Volk aufgebürdet war.

Paulus hat zweifellos mit der Möglichkeit gerechnet, daß sein Römerbrief auch von Leuten gelesen wurde, die mit der Regierung verbunden waren. Er hoffte, sie würden lesen: »Regenten sind kein Grund zur Furcht bei gutem Betragen ... tu, was gut ist, und du wirst von ihnen Lob ernten ... sie sind Diener Gottes.« Der Heilige Geist muß Paulus daran gehindert haben, irgendeine bestimmte Äußerung darüber zu machen, was zu tun sei, wenn der Monarch ein Scheusal ist. Zu jener Zeit hatte schon das Gerücht genügt, Christen seien revolutionär, um sie zu vernichten. Diktatoren sind empfindlich gegen jede Art Kritik, die ihrem Thron gilt. Es ist nicht abwegig anzunehmen, daß die Beschreibung einer gerechten und göttlichen Regierung ein Appell des Paulus an ihr verletztes Gewissen darstellt.

Wenn wir lesen, was Paulus hier über den Weg schreibt, den eine Regierung einhalten müßte, wird es deutlich, daß Paulus in schroffem Gegensatz zu jeder politischen Ungerechtigkeit stand. Er würde mit seinem Herrn übereinstimmen, der eine so grundlegende Feststellung niederlegte wie: Das oberste Gesetz für jeden Christen ist, den Herrn zu lieben mit ganzem Herzen, mit ganzer Seele und mit dem ganzen Verstand. Keine Loyalität kann damit konkurrieren. Der andere Grundsatz »Gebt dem Kaiser, was dem Kaiser gehört« war betont zweitrangig der Verpflichtung Gott gegenüber. Wenn wir das im Zusammenhang mit allem betrachten, was Jesus über den Vorrang Gottes sagt, wird klar, daß ein Christ immer in erster Linie Gott zu Gehorsam verpflichtet ist. Paulus drückt es nicht so aus, aber der ganze Tenor seiner Lehre ist, daß ein Christ, der in der Regierung mit dem Bösen konfrontiert wird, aufgefordert werden kann, dem Bösen zu widerstehen. Das gilt auch für viele soziale Angelegenheiten wie Sklaverei, Unterdrückung der Frauen und Militärdienst. Nirgends finden wir eine direkte Aufforderung zum Widerstand; aber der Christ, der im Gehorsam lebt und nach dem Willen Gottes fragt, wird erkennen, was in den betreffenden Umständen seine Pflicht ist. Die Dinge sind oft so komplex und die Loyalitäten können so gespalten sein, daß ein isoliertes Motiv zu sozialem Handeln den Christen in bestimmten Umständen zu falschen Reaktionen führen kann. Das Gewissen eines Christen wird darum bemüht sein, Sklaverei zu beseitigen und jeder Form der Ungerechtigkeit zu widerstehen. Jedoch bleibt die Achtung vor der Autorität die Grundlage, zusammen mit der moralischen Wahrheit, an der der Christ festhält. Wie der Heilige Geist dies dem Christen beibringt, entscheidet sich an den Problemen, mit denen dieser zu tun hat.

2. Die einzigen Schulden, die Gott ehren; unsere Verpflichtung, alle Menschen zu lieben, solange wir auf Erden sind: 13, 8—10

Nach dem Hinweis darauf, was wir der rechtmäßigen Obrigkeit schulden, wendet sich Paulus der noch größeren Verpflichtung zu: daß Christen in einer liebenden Beziehung zueinander leben. Er zeigt, daß das eigentliche Ziel des sittlichen Gesetzes ein liebender Charakter ist. Dabei hat das Liebeskonzept des Paulus mehr mit dem Willen zu tun als mit dem Gefühl. Nachdem Paulus auf fünf Gebote hinweist, die sich mit der gerechten Behandlung des Mitmenschen befassen, zeigt er, daß dieses und jedes andere Gesetz, das sich auf einfaches menschliches Verhalten bezieht, in dem einen Gebot Jesu zusammengefaßt werden können: »Liebe deinen Nächsten wie dich selbst.« Um sicher zu sein, daß die Leute den eigentlichen Charakter der Liebe nicht versentimentalisieren, fügt er hinzu: »Liebe tut dem Nächsten nichts Böses.« Und das ist es, was Gott erreichen wollte, als er uns das Gesetz gab (Matth. 19, 19; Rö. 13, 10).

Paulus hat nicht vergessen, was er über die Unfähigkeit des Menschen sagte, daß es ihm nicht möglich ist, das Gesetz zu halten (Rö. 8, 3). Darum würde er auch nicht erwarten, daß ein Mensch aus eigener Kraft im Sinne Gottes liebt. Aber das 8. Kapitel hat bewiesen, daß der Mensch nicht ohne Hilfe ist. *Er ist von jeder Verurteilung freigesprochen, in die Familie Gottes aufgenommen, vom Heiligen Geist bewohnt und hat die felsenfesten Zusagen der unveränderlichen Liebe Gottes.* Die Liebe, die Frucht des Heiligen Geistes ist, lebt zwangsläufig in einem hingegebenen und glaubenden Herzen. Sie wird das moralische Gesetz nicht brechen — und wenn, dann liebt es nicht mehr. Jeder, der Gottes Gesetz in der Weise hält, wie es vorgesehen ist, zeigt das Wesen der Liebe. Was auch immer Gott in dem Leben seiner Kinder hervorbringen mag, er wird letztlich auf dem Ziel bestehen, einen liebenden Charakter hervorzubringen. Nur dann, wenn das geschehen ist, können andere Gott als den erkennen, der Liebe ist.

3. Ein liebender Charakter sollte jetzt herausgearbeitet werden, weil der Triumph der Liebe Gottes schon bald sichtbar wird: 13, 11—14

Der letzte Abschnitt von Kapitel 13 beginnt mit »Und dies tu!« und bezieht sich offensichtlich auf die eben beschriebene Liebe. »Nimm jede Gelegenheit wahr, um Liebe zu erweisen«, sagt er, »denn die Zeit, die uns verbleibt, ist kurz.« Paulus benutzt einen bildhaften Ausdruck, um zu verdeutlichen, was er meint. In der dunklen Nacht dieser Welt, die wegen der Schuld des Menschen nicht durch das Licht Gottes erhellt ist, werden die Christen ermahnt, sich selbst wachzurütteln, sich freizumachen von jeder Spur der Dunkelheit in ihrem persönlichen Leben; sie werden aufgefordert, »die Waffen des Lichts anzuziehen«. Einige der typischen Taten der Dunkelheit sind in Vers 13 aufgezählt.

Dann erklärt Paulus, was er mit seiner Forderung meint, daß Christen sich den Schutz zunutze machen sollen, den das wahre Licht bietet. Wie ein Ritter nicht daran denken würde, ohne Waffen in den Kampf zu ziehen, so sollte es ein Christ nicht wagen, ohne Schutz gegen Helden der Dunkelheit in tödlichen Streit einzutreten. Der lebendige Christus, der Wahrheit und Licht ist und eine Macht gegen alle Kräfte, die dem göttlichen Leben entgegenstehen, ist absolut notwendig für den christlichen Kämpfer, der auf der Seite der überwindenden Liebe stehen will. Christus wird dafür sorgen, daß Liebe nicht einfach Sentimentalität ist und versteckte Selbstsucht.

Der verblüffende Gedanke hier ist, daß der Christ, der in die Dunkelheit der Welt eingeschlossen ist und den Tagesanbruch herbeisehnt, verantwortlich dafür ist, daß das Licht scheint. Er ist die Lampe, durch die das Licht scheinen kann, das von einer anderen Welt entlehnt ist. In diesem Sinn ist er »Licht« in einer sehr dunklen Welt. Die Wahrheit von dem bildhaften Ausdruck des Paulus ist einfach die: Christen müssen wach sein für die verzweifelte Situation einer Welt, die für den Siegestag Gottes nicht bereit ist. Dessen Triumph wird den wahren Stand des Menschen offenbaren. Der erwachte Christ wird so sehr mit dem Licht verbunden sein, daß es sogar jetzt individuell empfangen werden kann, so daß die Dunkelheit und ihre Werke keine Chance haben, das Licht zu verfinstern. Dies ist die kraftvolle Art des Paulus zu sagen, daß die Christen Christus als ihr Leben annehmen müssen, wenn sie der Sünde widerstehen und Frucht bringen wollen; und dies, noch bevor Gott der Nacht ein Ende setzt und denen, die sie lieben. Der Akzent liegt hier auf der Dringlichkeit der Situation. Christen wagen es nicht, in dieser gegenwärtigen Nacht zu schlafen. Unser Verhalten soll Zeugnis davon geben, daß Licht im Universum existiert und daß dieses Licht triumphieren wird.

Alles, was Paulus hier sagt, erinnert an das »Licht« bei Johannes. »Wenn wir im Licht wandeln, wie er im Licht ist, haben wir Gemeinschaft untereinander, und das Blut Jesu, seines Sohnes, reinigt uns von aller Sünde« 1. Joh. 1, 7. Der Gläubige hat sich dem Licht Gottes geöffnet; nun er ist aufgefordert, darin zu leben, damit des Lichtes suchende Strahlen alles vertreiben, was noch von der Nacht sein mag. Derjenige, der auf diese Weise lebt, wird die Freiheit kennen, die durch ständige Reinigung kommt.

Die wesentlichen Aussagen in Kapitel 13:

1. Gott ist an der Regierung interessiert, und Christen sollten nicht versäumen, dem »Kaiser zu geben, was dem Kaiser gehört«. Es braucht Weisheit von oben, genau zu unterscheiden, welche Dinge Gott gehören und welche dem Kaiser, aber wir sind verantwortlich für diesen Durchblick. Unterwerfung unter die etablierte Autorität ist unsere Grundhaltung, und wo die Umstände unerträglich sind, ist passiver Widerstand dem aktiven vorzuziehen. Jede Aktion sollte von der Liebe geleitet sein.

2. Der Hauptakzent Gottes liegt auf der Liebe in allem, was er tut, und Christen sind an die Liebe gebunden, wenn sie ihrem Vater gehorsam sein wollen. Wenn wir die Brüder lieben, die Verlorenen lieben und unsere Feinde lieben, bleiben nicht mehr viele Leute übrig, denen wir nichts schulden. Gott hätte es nicht wieder und wieder gefordert, wenn es unmöglich wäre. Es konnte für die Agape-Liebe kein besseres Bild gefunden werden als das Symbol des Lichtes, das in unsere Finsternis hineinscheint.

Da liegt eine Dringlichkeit in dem Leben eines Christen, nach Frieden zu streben. Wieder ist Jesus unser Vorbild: Er lebte völlig entspannt. Er hatte Zeit für alles, was der Vater plante, und er sagte: »Ich muß die Werke dessen tun, der mich gesandt hat, solange es Tag ist; es kommt die Nacht, da niemand wirken kann.« Zeit zu verlieren ist undenkbar, aber Zeit ist nicht unbedingt am besten genutzt durch Überaktivität. Unser Bewußtsein, daß Gott für sein Werk verantwortlich ist, schafft einen Ausgleich für unseren Fleiß — »solange es Tag ist« (Joh. 9, 4).

14. Kapitel

Wie der umgestaltete Geist sich in Dingen verhält, die das Gewissen eines Bruders berühren

1. Das Prinzip der Freiheit: 14, 1—12

Paulus hat sich im Römerbrief mit den Hauptlehren des christlichen Glaubens befaßt; aber der Christ muß auch wissen, wie er seinem gegenwärtigen Problem begegnen kann. Wie wichtig es ist, Dinge richtig zu beurteilen, sehen wir bei einigen Christen damals und heute. Der eine verurteilt, was ein anderer schätzt, und beide berufen sich auf ihre Treue zur Schrift. Solche Auseinandersetzungen haben vermutlich dem Bild des Christen einen größeren Schaden zugefügt als große Debatten über die Hauptlehren der Kirche und ihre weitreichenden Konsequenzen.

Starke und schwache Brüder werden hier beschrieben, und es ist wichtig zu sehen, daß der schwache Bruder der eine ist, der meint, er könne kein Fleisch essen. Paulus könnte sich offensichtlich neben den starken Bruder stellen, wenn Skrupel aufkämen. Seine Sicht über Freiheit eines Christen ist in diesem Kapitel sehr klar: »Laß den, der ißt, den nicht verachten, der nicht ißt. Und laß nicht den, der nicht ißt, über den richten, der ißt.« »Laß jeden in seinem eigenen Gewissen überzeugt sein!« »Jeder soll sich selbst Rechenschaft geben vor Gott.« »Ich weiß und bin überredet von dem Herrn Jesus, daß da nichts unrein ist in sich selbst.« Da liegt eine starke Betonung auf der persönlichen Verantwortlichkeit eines jeden Gläubigen vor Gott: »Wer bist du, der du den Knecht eines andern richtest?«

Ein anderer Gedanke, der für die Juden, die an die Speisegesetze in 4. Mose gebunden waren, geradezu revolutionär war, ist, daß nichts in sich selbst schlecht ist. Die Art, wie eine Sache gebraucht wird, oder die Motive dessen, der sie gebraucht, das ist entscheidend für einen Christen. Wenn die Gemeinde anfangen würde, das ernst zu nehmen, was Paulus über starke und schwache Brüder sagt, könnten die meisten Auseinandersetzungen unter ihren Gliedern vermieden werden.

Auch im Blick auf das Einhalten bestimmter Tage kommt sein Prinzip der Freiheit zum Ausdruck. Von all den zehn Geboten war keines so sehr entstellt wie das Sabbatgebot. Wenn Jesus sagt: »Der Mensch ist nicht für den Sabbat gemacht, sondern der Sabbat für den Menschen« (Mark. 2, 27), bezeugt er die Hauptmotivation all dieser Satzungen. Menschen, die zwar von der Verurteilung des Gesetzes freigesprochen sind, aber das Gesetz als Ausdruck der Gerechtigkeit Gottes hoch einschätzen, empfinden die Sabbatruhe nicht als drückende Last. Vielmehr sehen sie darin den Beweis, daß ihr himmlischer Vater an ihrem Wohlergehen interessiert ist. Die Betonung liegt auf dem Segen, nicht auf dem Tag. Die jüdische Verdrehung des Sabbatgesetzes machte es notwendig, daß Paulus darauf hinwies, daß nicht der Tag im Mittelpunkt steht, sondern Gottes gnädiges Handeln, der für die notwendige Ruhe seiner Kinder sorgt.

In den Versen 6—8 finden wir die Antwort des Paulus auf all die Fragen, die die Führung in dem Leben eines Christen betreffen: »Wer den Tag achtet, achtet ihn dem Herrn ... wer ißt, ißt dem Herrn ... keiner von uns lebt sich selbst ... sei es, daß wir leben, wir leben dem Herrn.« Mit anderen Worten, wenn eine christliche Gemeinschaft beschlossen hat, in erster Linie dem Herrn zu gefallen, wird sie aufhören, andere zu beaufsichtigen und deren Verhalten nach dem eigenen Maß an Erkenntnis zu beurteilen. Vielmehr wird jeder die Tatsache respektieren, daß auch sein Bruder Führung von dem Gott sucht, dessen Wille vollkommen ist. Paulus ist der Ansicht, daß Gott, der den Charakter und die Schwächen eines jeden kennt, auf verschiedene Weise den verschiedenen Menschen Richtlinien für das moralische Leben gibt. Das Gesetz selbst ändert sich nicht. Jesus besteht darauf, daß kein Jota oder Buchstabe von dem Gesetz weggenommen wird. Aber Jesu Darstellung der Wahrheit des Gesetzes war völlig anders als die der Pharisäer.

Paulus erinnert die Römer daran, daß die Gläubigen Gott Rechenschaft schulden über ihr Tun und über den Gebrauch ihrer Freiheit. Und das nicht nur für dieses Leben, sondern auch für das zukünftige. Gott ist der Herr der Lebendigen und der Toten, und niemand kann entscheiden, was für das Leben eines anderen Wahrheit bedeutet. Dies sollte ein ernüchternder Gedanke sein für jeden, der dazu neigt, das Gewissen seines Bruders zu sein.

2. Die Anwendung des Prinzips der Liebe: 14, 13—23

Nachdem die Freiheit definiert wurde als Freiheit, Gott zu dienen, und niemand ist völlig frei, zeigt Paulus, daß es eine Freiheit ist, um Liebe zu zeigen. Was könnte die störenden Differenzen zwischen Brüdern besser zudecken als die schützende Decke der Liebe? Dies ist die oberste Regel, die über alle anderen erhaben ist. Wir wissen, nichts ist an sich schlecht. Die Haltung vor Gott ist allein entscheidend.

Es mag sein, daß unsere Haltung vor Gott annehmbar ist. Da muß aber noch ein weiterer Punkt beachtet werden: Ist es Liebe, die uns treibt? Johannes wird oft als »Apostel der Liebe« bezeichnet. Aber auch Paulus, der Theologe, hat niemals die Liebe als das Höchste in dem ganzen Werk Gottes aus den Augen verloren. Gott ist Liebe. Liebe brachte ihn zu den Menschen. Er weckt Liebe in den Herzen der Glaubenden. Liebe ist die Hauptfrucht des Geistes, sie ist die treibende Kraft für den Dienst und auch die Mission; und Liebe ist die Atmosphäre des oder auch, wenn wir einen anderen zurechtweisen — wenn wir dabei das oberste Gesetz, die Liebe, verletzen, handeln wir falsch.

Die Liebe sagt, daß das Wichtigste nicht ist, was wir essen oder trinken; sondern das ist Liebe, daß die Güte, der Frieden und die Freude des Heiligen Geistes in jedem, den wir treffen, gefördert wird (Vers 17). Dies ist einfach eine Erweiterung des Wortes Jesu: »Wenn mir jemand nachfolgen will, der verleugne sich selbst und nehme sein Kreuz auf sich und folge mir« Matth. 16, 24). Solch ein Leben wird oft als »Christus dienen« beschrieben. Es ist ein Dienst, der das Herz Gottes erfreut und unweigerlich Menschen zum Segen wird.

Paulus kann niemals der »Situations-Ethik« angeklagt werden, denn die von Gott gegebenen Regeln im Blick auf Führung dulden keinen Kompromiß; aber er tritt deutlich ein für die Anpassung unserer Handlungsweise an die Nöte oder Schwächen anderer Leute. Nachdem er sagte, daß alle Dinge rein sind (Vers 20), fährt er fort: »Wenn jemand durch unsere Toleranz in Gefahr steht zu stolpern, können wir es uns leisten, solche guten Dinge aufzugeben«, und weiter heißt es: »Hast du Glauben, so habe ihn für dich selbst vor Gott.« Paulus gebraucht das Wort Glaube wie schon zu Beginn des Kapitels: »Den Schwachen im Glauben nehmt auf!« Glauben zu haben, bedeutet, damit zu rechnen, daß ich von Gott angenommen bin. Starken Glauben zu haben, bedeutet, in Fragen über Essen und Trinken frei zu sein. Du magst darauf vertrauen, daß Gott mit dem, was du tust, einverstanden ist; denn du bist ja tatsächlich von der Gesetzlichkeit durch seine vergebende Gnade befreit. Aber hüte dich, daß deine Überzeugung sich nicht als Drohung gegen deinen Bruder richtet, der sich aufgrund seines Gewissens nicht derselben Freiheit erfreuen kann wie du.

Zum Schluß dieses Kapitels werden wir aufgefordert, die Stimme unseres Gewissens zu beachten. Das menschliche Gewissen ist nicht unfehlbar, es kann zu fast allem erzogen werden, und sicher ist es nicht immer Gottes Stimme, die durch das Gewissen seines Volkes spricht. Dennoch spielt das Gewissen in der seelischen Gesundheit eines Gläubigen eine wichtige Rolle. Paulus kennt die ganze Breite menschlichen Verhaltens, er weiß, wie kompliziert es oft ist, von bestimmten Sitten, Hintergründen und ererbten Neigungen geprägt. Schon aus diesem Grund dürfen gute Taten des Menschen keine Bedeutung für seine Erlösung haben. Wenn es so wäre, würde Gott ziemlich unfair sein. Einige hätten anderen gegenüber außerordentliche Vorteile. Aber selbst ein Gewissen, das aufrichtig Jesus als Herrn erkennt, wird angesichts innerer Führung in seinen Weisungen variieren. Paulus möchte, daß Gottes Kinder nicht verurteilt und belastet durchs Leben gehen. Jeder Christ sollte in seinem eigenen Herzen beruhigt sein, weil er seinen Weg von Gott akzeptiert weiß. Es beeinträchtigt den Charakter, wenn jemand trotz bestehender Unsicherheit eine Sache weiterführt. Wie alle Gebote Gottes, so soll auch die innere Führung das größtmögliche Glück dem Menschen bringen. Nichts wurde auferlegt, um seine Kinder zu belasten.

Unsere eigenen Überzeugungen sollten wir achten, aber nicht anderen aufbürden. Es ist ein großer Segen, ein unbeschwertes Gewissen zu haben, und wir müssen tun, was wir können, daß dies auch für unseren Bruder zutrifft. Wenn er ermutigt wird, dem zuwider zu handeln, von dem er glaubt, Gott hätte es ihm gegeben, wird er unter das Urteil kommen. Es ist immer Sünde, zu tun, was das Gewissen nicht gut heißt; und immer, wenn wir einen Menschen dazu veranlassen, das zu tun, haben wir das Gebot der Liebe übertreten. Wir werden etwas auf unser eigenes Gewissen laden, was sich zwischen Gott und uns schiebt.

Die wesentlichen Aussagen in Kapitel 14:

1. Das gehorsame Leben des Christen ist völlig anders als die strikte Einhaltung des Gesetzes der Juden — übrigens, nicht jeder Paragraphenreiter ist ein Jude. Christus hielt alle Forderungen des göttlichen Gesetzes zu unseren Gunsten. Wenn er es nicht getan hätte, wären wir ständig von der Verurteilung bedroht. So sind wir nicht unter der Verpflichtung, das Gesetz zu halten, und können mit Paulus sagen: »Ich kann alles tun« (1. Kor. 6, 12). Das Gesetz ist nicht ein Weg der Erlösung, aber seine moralische Wahrheit ist von Gott gegeben, um Menschen zu führen, die, nachdem sie Glieder seiner Familie geworden sind, ihm gefallen möchten. Der Geist ist gegeben, damit wir Gottes Grundsätze auf unsere täglichen Führungen anwenden. Diese Anwendung ist die Freiheit, von der Paulus in Kapitel 14 spricht.

2. Da die Menschen für den Vater von äußerster Wichtigkeit sind, ist es klar, daß er sie nicht absichtlich verletzen will. Obgleich wir uns absolut frei fühlen mögen, gewisse Dinge zu tun, und glauben, daß wir die Zustimmung unseres Vaters haben, kommt noch eine weitere Überlegung hinzu: Wie wird es auf seine anderen Kinder wirken? Das kann wegen der erstaunlich unterschiedlichen Meinung im Blick auf menschliche Führung eine sehr komplizierte Frage sein. Aber Paulus ist voller Vertrauen, daß ein Glaubender, der seinem Vater gefallen möchte, dem Wohl seines Bruders nicht gleichgültig gegenübersteht; vielmehr wird er bemüht sein, sich sehr feinfühlig im Blick auf die Führung des Geistes zu verhalten und auf diese Weise erfahren, was er sich im Rahmen persönlicher Freiheit erlauben kann.

15. Kapitel

Das Beispiel Christi, die Bedeutung der Heiden, Zeugnis und Pläne des Paulus

1. In der Frage unserer Verantwortung hinsichtlich des schwachen Bruders betrachten wir die selbstlose Haltung Christi: 15, 1—7

Dieser Abschnitt ist Fortsetzung und Schluß all dessen, was Paulus zu sagen hat über die Frage, wie die Kirche ihre Meinungsunterschiede hinsichtlich der Führung lösen kann. Die schwachen und starken Brüder sind immer unter uns, und die einzige Hoffnung, miteinander harmonisch zu leben, ist, daß Liebe die Brüder befähigt, das selbstgefällige Leben als zerstörend, gefährlich und trennend abzulehnen. Menschen, die sich das Leben Christi aneignen, werden darauf bedacht sein, den anderen zu erfreuen, ihm zu helfen und ihn zu ermutigen, weil auch Jesus Christus so gehandelt hat. Paulus zitiert einen prophetischen Vers aus Ps. 69, 10: »Die Schmähungen jener, die dich schmähen, sind auf mich gefallen.« In einer anderen Übersetzung wird es folgendermaßen umschrieben: »Um leiden zu lernen, kamen wir unter die Schmähungen jener, die gegen den Herrn waren.« Christus kam auf die Erde und kannte sein Ziel. Er identifizierte sich selbst mit seinem Vater und dessen Absichten. Da ward kein Raum für Selbstgefälligkeit, und das brachte ihn unweigerlich in Konflikt mit einer Welt, die losgelöst von seinem Gott existieren wollte.

Paulus hat eine außerordentliche Hochachtung vor der Schrift, wie es auch hier in Vers 4 nach dem Zitat aus den Psalmen zum Ausdruck kommt. Er sagt: »Alles was zuvor geschrieben wurde, ist zu unserer Belehrung geschrieben«, und das heißt auch, daß diese Schriften hauptsächlich da sind, damit wir Hoffnung gewinnen, eine Hoffnung, die uns befähigt, in Geduld auszuharren, wenn die gegenwärtigen Bedingungen beunruhigend sind. Und das ist es, was dann gilt, wenn wir uns bemühen, unserem Nachbarn zu gefallen und nicht uns selbst. Paulus gebraucht hier die schöne Formulierung: »Trost der Schriften.« Das drückt die erstaunliche Wahrheit aus, daß alles, was Gott uns in der Heiligen Schrift sagt, letzten Endes aufgezeichnet ist, um Freude und Frieden denen zu bringen, die sie ernst nehmen. Auch alles, was

Paulus uns im Römerbrief sagt, ist bei aller Lehrhaftigkeit doch unzähligen Millionen zum »Trost der Schriften« geworden.

Das Zitat der Schrift in Vers 3 zeigt uns die Haltung Christi. Gottes Kinder sollen es ihm, seiner Geduld und seinem Trösten- und Vermittelnwollen (Vers 5) nachtun. Sie sollen »gleichgesinnt sein«. Dann werden wir Geduld beweisen und innerhalb des Leibes Christi Frieden schaffen. Denn der Geist Christi in uns wird sich unweigerlich um Einheit des Leibes mühen, und seine verschiedenen Glieder werden »einmütig mit einem Mund den Gott und Vater unseres Herrn Jesus Christi verherrlichen«. In diesen Versen ist eine erstaunliche Ideenkombination. Wenn wir über die Möglichkeit nachdenken, wie wir als Brüder trotz verschiedener Ansichten über christliches Verhalten in Harmonie zusammenleben können, so müssen wir Paulus recht geben, daß der kritische Punkt für uns alle in unserer Selbstgefälligkeit liegt. Die Schrift nennt als auffallende Charakteristik Christi: »Er gefiel sich nicht selbst.« Und dieselbe Schrift fordert uns auf, gleichgesinnt zu sein mit Christus. Dieses Gleichgesinntsein wird immer darauf drängen, daß innerhalb des Leibes Einigkeit herrscht. Das ist für seine wirkungsvolle Existenz absolut notwendig.

2. **Die Heiden sollen wissen, daß es von jeher geplant war, sie in die Einheit des Leibes Christi, der Gemeinde, einzugliedern, und die Juden sollen das aus ihren eigenen Schriften erkennen: 15, 8—13**

Obwohl Paulus in diesem Brief schon vieles über die Einbeziehung der Heiden gesagt hat, fühlt er sich genötigt, für die römische Gemeinde einen letzten Feuerstoß aus der Schrift abzugeben, um nachzuweisen, daß es ohne Zweifel, lange bevor Jesus kam, Gottes Absicht war, sie einzugliedern. Es mag sein, daß sich hier eine gewisse Furcht widerspiegelt, zwischen Juden und Heiden könnte eine Uneinigkeit aufbrechen. Er mußte ja voraussetzen, daß die Judaisten — wie in den meisten anderen Kirchen, so auch in Rom — am Werk waren und dafür sorgten, daß die Neubekehrten sich geringwertiger fühlten, weil sie nicht beschnitten waren, oder daß die Juden versuchten, sie auszuschließen, weil sie nicht das zeremonielle Gesetz hielten.

Paulus schließt mit einer letzten leidenschaftlichen Bitte um Einheit, indem er seinen Segen über ihnen betet, der Gott der Hoffnung möge sie erfüllen mit aller Freude und Frieden im

Glauben, daß sie »völlige Hoffnung haben durch die Kraft des Heiligen Geistes«. In dem frühen Teil des Briefes bringt er den Grund unseres Friedens mit Gott in einer herrlichen Lehre, dann widmet er etliche Kapitel der praktischen Frage, wie sich die Erkenntnisse auf die Alltagsprobleme, die überall da aufkommen, wo Menschen zusammen wohnen, anwenden lassen. Paulus hat die berechtigte Hoffnung, daß dies genug ist, um die Heiligen mit aller Freude und Frieden zu erfüllen, und daß sie durch die Kraft des Heiligen Geistes überreich in der Hoffnung sind.

Hiermit endet die Auslegung des Evangeliums, der guten Nachricht, daß Gott den gefallenen Menschen auf Grund seines Glaubens rechtfertigt und ihn für gerecht erklärt. Dieses Evangelium will weder den Menschen ermutigen, in Vermessenheit zu sündigen, noch will es ihn dadurch entmutigen, daß es von ihm das Unmögliche verlangt. Sein Ziel ist es, ein lebendiges Opfer hervorzubringen, das sich nicht der Welt in ihrer Autonomie anpaßt, vielmehr durch eine neue Denkart, die Jesus Christus zur Quelle und Inhalt des Lebens macht, verwandelt wird. Für Paulus ist keine weitere Steigerung möglich. Christus ist »über allem, Gott sei gepriesen in Ewigkeit« (9, 5).

Er war *»hingegeben für unsere Übertretungen und auferweckt zu unserer Rechtfertigung«* (4, 25).

Wir haben *»Frieden mit Gott durch unseren Herrn Jesus Christus«* (5, 17)

und *nichts kann uns »scheiden von der Liebe Gottes, die in Jesus Christus ist, unserem Herrn«* (8,39).

Wer diese 16 Kapitel liest, der stellt fest, daß Paulus durch den Glauben an Jesus eine neue Art zu leben entdeckt hat und überzeugt war, daß er dasselbe Leben auch in all den anderen Gläubigen hervorbringen wird. Die Entdeckung des Paulus, wie sie in diesem Buch erklärt wird, stellt den Leser vor die Wahl: entweder die Offenbarung zu empfangen und im Überfluß zu leben, oder die Offenbarung zu mißachten und niemals wissen, was Leben bedeutet.

3. **Die Schlußbemerkungen deuten etwas von seinem gegenwärtigen Dienst und seinen Zukunftsplänen an. Seine Bitte um Gebet: 15, 14—33**

Es ist die Absicht dieses Buches, einige schwer verständliche Ausführungen der Lehre und Argumente des Paulus in seinem

Brief an die Römer aufzugreifen. Da das meiste in diesen noch verbleibenden Zeilen keinen besonderen Bezug auf die Lehre des Buches hat, ist es nicht notwendig, in Einzelheiten zu gehen. Paulus will das Vertrauen der Gläubigen in Rom behalten. Er weist auf die guten Lehrer innerhalb ihrer Gemeinschaft hin, die die Wahrheit über Jesus erkannt haben. Paulus beabsichtigt nicht, etwas völlig Neues zu bringen, aber er spürt, daß sie an die wesentlichen Dinge des Glaubens, die sie vermutlich schon zuvor gehört haben, erinnert werden müssen. Es ist ganz natürlich, daß er sich mit dieser Gemeinde eng verbunden weiß, denn er ist ja der Apostel der Heiden! Diese Gemeinde in der heidnischen Hauptstadt der Welt muß viele Mitglieder gehabt haben.

Paulus weiß, daß sein weitverzweigter Dienst, der durch mancherlei Zeichen immer wieder bestätigt wird, ihm Vertrauen einbringt, so daß er für seine geplante missionarische Reise nach Spanien Unterstützung findet. Er hat einen Auftrag auszuführen, nämlich die Beihilfe, die er von verschiedenen Kirchen gesammelt hat, den leidenden Heiligen in Jerusalem zu überbringen. Danach wird er in Richtung Spanien aufbrechen. Man empfindet die positive Erwartung und das sichere Vertrauen des Paulus, daß er ein Segen und eine Ermutigung für die Gemeinde sein wird, wenn er kommt (29). Diese Gewißheit kommt nicht aus irgendeinem Selbst-Vertrauen, denn im nächsten Vers beschwört er sie »um des Herrn Jesu Christi und der Liebe des Geistes willen« (durch die Liebe, die der Geist eingibt), seiner im Gebet vor Gott zu gedenken, damit er befreit wird von den Kräften, die ihm entgegenstehen und von den Heiligen in Jerusalem angenommen wird und daß er schließlich in ihrer Mitte zu Rom sein kann, erfrischt und voller Freude. Wie ermutigend ist es, einen der größten Christen der Geschichte zu sehen, der so bereitwillig seine totale Abhängigkeit von Gott anerkennt und bereit ist, seine Not auszusprechen, selbst Menschen gegenüber, die er nicht kennt.

16. Kapitel

Persönliche Grüße an die Freunde und Mitarbeiter des Paulus, abschließende Ermahnungen und Segen: 16, 1—21

Paulus' Empfehlung der Phoebe zu Beginn dieses Kapitels ist interessant, weil anscheinend sie die Überbringerin des Briefes an die Gemeinde zu Rom war. Es war in der frühen Kirche ein allgemein üblicher Brauch, solch einen Brief mit irgendeinem Bruder zu schicken, der in eine neue Gemeinschaft ging. Aber hier ist es eine Frau. Wenn wir zudem an die große Zahl von Frauen denken, an die Paulus Grüße sendet, so sehen wir den Wandel, den das Christentum im Blick auf den Stand der Frau bewirkt hat. Es scheint, daß einige, die in dieser Aufzählung erwähnt werden, tatsächlich im öffentlichen Dienst irgendeiner Art engagiert waren. Außerdem ist der Hinweis interessant, daß Phoebe eine Diakonisse war, übrigens das einzige Mal, daß solch ein Amt in der frühen Kirche erwähnt wird.

Die lange Liste von Namen, die allem Anschein nach Freunde von Paulus waren, ist verwunderlich, da doch Paulus niemals in Rom gewesen ist. Es scheint, als hätte er in dieser Kirche mehr Freunde als in anderen, die er selbst gegründet hat. Rom war die Hauptstadt der Welt und Regierungssitz. Durch den lebhaften Handel, religiöse oder militärische Beziehungen kamen die Menschen früher oder später in diese Stadt. Ausgedehnte Landstraßen und die große Anzahl von Schiffen, die regelmäßig das Mittelmeer befuhren, machten es verhältnismäßig leicht, dorthin zu gelangen. Möglicherweise fühlten die Christen, daß gerade in dieser Metropole ein kräftiges Zeugnis verkündigt werden sollte, und so waren sie mit vereinten Kräften bemüht, das Leben der dortigen Kirche zu unterstützen.

Eine weitere mögliche Erklärung für die Anzahl der persönlichen Freunde, die hier erwähnt sind, wäre, daß Paulus bewußt vermieden hat, an einzelne in Kirchen, die er gegründet hat, Grüße zu senden. Es wäre zu leicht möglich, einen zu übersehen. In Rom bestand diese Gefahr nicht, weil er nur solche grüßte, von denen er wußte, daß sie dort waren. Man erwartete nicht von ihm, daß er alle kannte.

Bevor Paulus den Brief abschließt, feuert er noch einen letzten Schuß gegen die Ketzer (17—20). Er rät den Gläubigen, achtzugeben auf alles, was »der Lehre, die ihr von mir gelernt habt, entgegensteht«. Der beste Weg, um der falschen Lehre entgegenzuwirken, ist, die Gläubigen in der Wahrheit des Neuen Testaments so gründlich zu unterweisen, daß ketzerische Lehre nicht eindringen kann. Das ist es, was Paulus in Vers 19 meint: »Ich will aber, daß ihr weise seid zum Guten.« Der beste Schutz gegen falsche Lehre, ist die völlige Hingabe an die richtige Lehre. In allem, was Paulus oder Johannes über die Gefahren der falschen Lehrer schreiben, können wir nur vermuten, was falsch an dieser Lehre war, denn die genauen Fehler werden nicht beschrieben. Durchtränkt die Gläubigen mit der Wahrheit, und ihr braucht euch nicht über Irrtümer zu sorgen.

Nachdem die Mitarbeiter des Paulus ihre Grüße hinzufügen, schließt der Brief mit dem Segen, oder vielleicht sollte es besser Lobpreis genannt werden. In zwei langen Sätzen läßt Paulus die ganze Botschaft des Briefes vor unseren Augen vorüberziehen. »Dem, der euch zu festigen vermag.« Der ganze Brief hat erklärt, welche Schritte Gott unternahm, um Menschen für sich zurückzugewinnen, und nachdem er sie gewonnen hat, sie zu stützen. Die ganze Mühe dreht sich um eine Person, die mit wahrer Kraft ausgerüstet war, einer Kraft, die fähig ist, die verwirrendsten Probleme des Menschen zu lösen: Warum bin ich hier? Wer ist Gott? Kann ich ihn kennen? Nimmt er mich an? Wie lebe ich ein Leben, das ihm gefällt? Es ist die »Predigt von Jesus Christus«, die das Geheimnis offenbart hat, und der Mensch braucht nicht länger in der Dunkelheit über Gott oder über seine Antwort auf die fundamentalen Bedürfnisse des Menschen zu bleiben.

Es ist typisch für Paulus, daß er in diesem Schlußwort seines großen Lehrstücks, auf die »Schriften der Propheten« hinweist. Er ist vollkommen überzeugt, daß der Hauptgedanke all jener, die das Alte Testament geschrieben haben, die Verkündigung von ihm war, der kommen sollte. Er *ist* gekommen, und die Bedeutung dieses Kommens ist Paulus offenbart worden und ist noch unter uns als Zeugnis, daß Gott sein Wort gehalten hat.

Das universale Ausmaß der Botschaft hatte sich unauslöschlich in dem Herzen des Paulus eingegraben, denn er schreibt, daß es »allen Völkern kundgetan« werden sollte. Hier schimmert wieder das Herz des Missionars durch und hat so teil an der Schilderung des Evangeliums. Und was jeder hören muß, ist: Gehorsam geschieht nur, wenn er mit Glauben in Verbindung steht. »Der Gehorsam des Glaubens« ist ein Satz, der die meisten Wahrheiten zusammenfaßt, die Paulus predigt. Gott ist äußerst interessiert daran, daß der Mensch gerecht ist, weil er anders für Gott nicht annehmbar ist. In Christus ist dies möglich durch den Glauben, und nur in ihm kann jemand ein Leben des Gehorsams führen. Paulus hat dieses Leben im 12. Kapitel dieses Buches skizziert, und dem allen folgt — und er macht es klar —, daß es der Glaube an das Leben des lebendigen Herrn ist, der das ermöglicht. Christus ist das Leben des Christen.

Die wesentlichen Aussagen in Kapitel 15 und 16:

1. Wenn wir von dem Leben Christi begeistert sind und es erfahren möchten, müssen wir seine Einstellung annehmen: Eine standhafte Verweigerung jeder Form eines unabhängigen Lebens. »Ich tue immer das, was ihm gefällt« (Joh. 8, 29).

2. Die bestfundierte Hoffnung der Menschheit liegt in der Schrift. Christus ist das Thema all dieser Schriften; und jene, die kommen, um ihn kennenzulernen, werden es erfahren, wie groß der »Trost der Schriften« ist. Dies neben all der Freude und dem Frieden im Glauben (Kapitel 15, 13) sollte jeden in »Hoffnung überreich« sein lassen.

3. Wo immer Menschen von Gottes Geist geführt werden, werden sie in eine Gemeinschaft zusammengeführt, die Einheit ausdrückt. Jene, die die Grundwahrheit des christlichen Glaubens erkannt haben, haben genug, auf das sie sich einigen können. Irgend etwas geringerem oder etwas anderem als dem Verlassen der Grundwahrheit soll es unter keinen Umständen gelingen, Gottes Volk zu entzweien.

4. Die beste Verteidigung gegen Ketzerei ist eine sorgfältige Schulung in biblischer Lehre, und jeder, der die wesentlichen Wahrheiten des Römerbriefes beherrscht, ist so sicher, wie nur jemand sein kann.

5. Die abschließende Wahrheit dieses Buches finden wir in dem letzten Satz, daß das Evangelium der Höhepunkt aller prophetischen Schriften ist und zugleich Gottes letztes Wort an die Menschheit. Es muß so klar jedem Volk verkündigt werden, daß nicht eines die Gelegenheit ausschlägt, ihm zu glauben und ihm zu gehorchen. Da das Evangelium hier so klar dargelegt ist, können wir hoffen, daß derjenige, der den Römerbrief studiert, das Vorrecht wahrnimmt und das größte Anliegen Gottes teilt: Ihn zu kennen, den »zu kennen ewiges Leben ist«.

Weitere Bücher zum Bibelstudium:

Handbuch zur Bibel

Herausgegeben von P. und D. Alexander

680 Seiten, 437 Fotos (davon 363 vierfarbig),
68 Karten, 20 Grafiken, 8 Register.
Format 23 x 17 cm; Balacron

Die Welt der Bibel in vielen Kommentaren von mehr als 30
Fachleuten und vielen schönen farbigen Bildern.

Lexikon zur Bibel, *Volksausgabe*

Herausgegeben von Fritz Rienecker

100 Kunstdruckbildseiten und 1728 Textspalten, über 150 Fotos,
z. T. Großformat.
Über 350 Textillustrationen und Kartenskizzen,
mehrfarbige Karten,
Format 15,7 x 23,2 cm

Über 6000 Stichwörter aus Geschichte, Kulturgeschichte,
Archäologie, Religionswissenschaft, Geographie, Biologie
und Wirtschaft.
Namensangaben von Personen, Tieren, Orten und Pflanzen
sind vollständig aufgenommen.
Alle wichtigen theologischen Begriffe sind ausführlich erläutert.
Die Stichwörter richten sich nach der Luther-Übersetzung.

Atlas zur Bibel

Herausgegeben von H. H. Rowley

48 Seiten, Format 25,5 x 20,5 cm, kartoniert

Karten und Übersichten zur Biblischen Geschichte,
Ausbreitung des Christentums, Konfessionskunde, Welt-
religionen, Mission, Aufliegerkarte des modernen Israels mit
den heutigen Ortsnamen.

R. BROCKHAUS VERLAG WUPPERTAL

Wuppertaler Studienbibel, *Neues Testament*
Originalausgabe in Leinen mit Schutzumschlag, Sonderausgabe als Paperback

Das Evangelium des Matthäus
  erklärt von Fritz Rienecker
  384 Seiten

Das Evangelium des Markus
  erklärt von Fritz Rienecker
  288 Seiten

Das Evangelium des Lukas
  erklärt von Fritz Rienecker
  571 Seiten

Das Evangelium des Johannes
  erklärt von Dr. Werner de Boor
  1. Teil, Kap. 1—10 334 Seiten
  2. Teil, Kap. 11—21 272 Seiten

Die Apostelgeschichte
  erklärt von Dr. Werner de Boor
  471 Seiten

Der Brief des Paulus an die Römer
  erklärt von Dr. Werner de Boor
  368 Seiten

Die Briefe des Paulus an die Korinther
  erklärt von Dr. Werner de Boor
  Der 1. Brief 312 Seiten
  Der 2. Brief 246 Seiten

Der Brief des Paulus an die Galater
  erklärt von Lic. Hans Brandenburg
  146 Seiten

Der Brief des Paulus an die Epheser
  erklärt von Fritz Rienecker
  259 Seiten

Die Briefe des Paulus an die Philipper und an die Kolosser
  erklärt von Dr. Werner de Boor
  288 Seiten

Die Briefe des Paulus an die Thessalonicher
  erklärt von Dr. Werner de Boor
  175 Seiten

Der erste Brief des Paulus an Timotheus
  erklärt von Dr. Hans Bürki
  240 Seiten

Der zweite Brief des Paulus an Timotheus
Die Briefe an Titus und an Philemon
  erklärt von Dr. Hans Bürki
  232 Seiten

Der Brief an die Hebräer
  erklärt von Dr. Fritz Laubach
  292 Seiten

Der Brief des Jakobus
  erklärt von Fritz Grünzweig
  184 Seiten

Die Briefe des Petrus und der Brief des Judas
  erklärt von Uwe Holmer und Dr. Werner de Boor
  296 Seiten

Die Briefe des Johannes
  erklärt von Dr. Werner de Boor
  208 Seiten

Die Offenbarung des Johannes
  erklärt von Adolf Pohl
  1. Teil, Kap. 1—8 232 Seiten
  2. Teil, Kap. 8—22 360 Seiten

R. BROCKHAUS VERLAG WUPPERTAL